知的生きかた文庫

渋沢栄一
うまくいく人の考え方

渋沢栄一
竹内 均　編・解説

三笠書房

はじめに

人生の武器となる『論語』で心から願う生涯を！

渋沢栄一

なぜ、『論語』をすすめるのか

私、渋沢栄一が、孔子の『論語』に親しみ、**これを日常生活の規《き》矩準縄《くじゅんじょう》と見なすまでになった理由**は、世間の方々が不思議に思うところだろう。

それには、まず、幼年時代に私が受けた教育の順序を述べなければならない。

維新前における教育は、誰もが主に中国の漢文書籍を読んだようだ。しかし、私の郷里（今の埼玉県）では、まず初めに「千字文」「三字経」などを読ませ、それがすんだら「四書五経」に移り、名家文はその後しばらくしてから教えた。

私は七歳の時にまず実父より「三字経」を教えられ、八歳のときに十歳ほど年長の従兄から『大学』『中庸《ちゅうよう》』『論語』『孟子』などの四書を教えてもらうことになった。これが私が『論語』に親《した》しむにいたった発端だ。

『論語』は、孔子の教えの中でも、ことごとく日常や世渡りの実際に使える教えで、**朝、これを知ったら、もう夕方にはすぐに実行できる「道」**を説いている。とくに「郷党篇」は、**朝起きてから夜寝るまで**の、飲食のことや衣服の細かいところまで及び、立ち居振る舞い、礼儀にわたってほとんど漏らすところがない。

私は、論語の教訓を守って暮らしさえすれば、しっかりと行ないを正し、家を整え、大過なく心から願う通りの生涯を送り得られるものと信ずる。

■『論語』を実践すると、瞬く間に人生は好転する

私は『論語』の教訓はすべて実行するためのものだと信じ、今日までこれを

実践してきた。もちろん、私は孔子のような聖人君子ではないし、私は小さなことにこだわらない性格でもあるので、『論語』の遺訓をきっちりそのまま実行してきたとは広言しかね、及ばないところが多くお恥ずかしいかぎりだ。

だが、明治六年、実業界に身を投じて以来、少なくとも実業のうえでは、**論語の教訓をそのままにわが身に行なってきた**と断言できる。そう、孔子が『論語』で説いている教訓を、実践することにのみ、心を尽くしてきた。

私は明治六年に役人を辞めて実業界に身を委ねることになったが、国を強くするには国を富まさなければならない、国を富ますには、商工業を隆盛にしなければならないと信じてきた。当時はまだ「実業」という言葉がなく、これを「商工業」と称したが、商工業を隆盛させるには、個人の小資本を合流して大資本にする合本組織、すなわち「会社法」を足がかりとして、たようなければならないと考え、この方面に力を注ぐことにしたのだ。

さて、いよいよ会社を経営するとなれば、まず第一に必要なのは「人」である。

明治の初年頃、政府の肝煎《きもい》りで創業した会社に、為替会社とか開拓会社というものがあったが、それらがうまく続かず失敗に終わったのは、当事者として責任を持って運営できる「人」を得なかったからだ。

また、そうした「人」を得たとしても、事業を成功させるには、その人が経営判断する際の基準（ものさし）がなければならない。また私にとっても、足がかりとする基準がなければならないと気づいたわけだ。

判断に苦しむときこそ最も頼りになる存在

当時、キリスト教はあまり普及していなかったので、私はキリスト教がどんなものかまったく知らなかった。また、仏教もほとんど知らなかったから、私は実業界で原則とすべき基準を、キリスト教や仏教に求めるわけにはいかなかった。

しかし儒教、すなわち孔子の教えならば、私も幼少の頃から親しんできた。とくに『論語』には、日常生活に処する「道」がいちいち詳細に説かれているから、これを頼りさえすれば万事に間違いなく、**何か判断に苦しむことが起こっても、**

『論語』という尊いものさしを基準にして決定すれば、過ちを犯す心配はないと信じていた。それゆえ実業に従事するようになって以来、『論語』を信奉して実践することにしたのだ。

『論語』には、実業家が金科玉条とすべき教訓が、実にふんだんにある。

富と貴《たっと》き名誉は、人の欲するところなれども、
正しい『道』をいかなければ、
たとえ富も尊き名誉を得たとしても処《お》らざるなり(手元にとどまらない)。
貧しさと賤《いや》しきとは、これ人の悪《にく》むところなれども、
正しい『道』をいかなければ、貧しさといやしきを得ることはあっても、
これらが去っていくことはない

たとえば「里仁篇《りじん》」の、この章句はその一例で、実業家がどのようにして世に立ち身を処すべきかを、明確に説き教えたものである。また同じ「里仁篇」の中

にこんな句がある。

「利によりて（利益ばかり考えて）行なえば、怨《うら》み多し」

このように、『論語』などには、実業家のよって立つべき教訓が充ち満ちている。それにもかかわらず、維新前は農業や商工業に従事する者に学問の素養が少しもなく、越後屋だとか大丸だとかの大きな老舗にでもなると、学問のある者を、なんとなく危険視して店員に採用せず、学問の素養がない者ばかりを使用していた。

したがって四角な文字で書かれた『論語』、その他、修身斉家に必要な典籍などは、インテリの間でだけ多く読まれ、実業家の間では読まれていなかった。

その結果は、実行するために説き遺されたせっかくの孔子の教訓が、実業家の指南書とならず、「知」と「行」とが別々になってしまったのである。

維新後、外国との交流も開けて、商工業者の品位を高めなければならなくなったが、それには知行を一致させ、商工業の経営に従事する者にも、**指標にするべき「道」**を知らしめ、その「道」に準じた経営をさせなければならないと私は感じた。

維新前までは『論語』は、武士などの間でだけ読まれ、しかも実践から離れて章句の端々《はしばし》を研究される弊害に陥ってしまっていたから、実際の事業に関連付けて読ませ、実践させようと考えた。もちろん、私自身も読み、また他の実業家にも読んでもらって、知行合一によって実業の発達を計り、**国を富まして強くし、そして平和にするよう努めるべきだ**という信念をもったのである。

いつまでも政府主導に任せていては、けっして実業は発達しない。民間に品位の高い知行合一の実業家が現われて、率先するようにしなければならないと感じたことが、私を『論語』の鼓吹者《こすいしゃ》にさせたとも言える。

孔子はどんな人物か?

孔子は、いまから約二四六五年前（紀元前五五二年）、魯《ろ》という国の襄公《じょうこう》（元号）の二十二年に、昌平郷《しょうへいきょう》という里に生まれた。
はじめは倉庫係や畜産の役人になったが、成績はいずれも見るべきものがあった。三十五歳の頃、生国の魯に反乱が起こり、魯の（第二五代君主である）昭公が斉の国に逃げたあとを追って斉に行った。斉の国の（第二六第君主）景公は、孔子を抜擢《ばってき》して大いに用いようとしたが、反対者があって実現しなかったため、孔子は再び生国の魯に帰った。

孔子が四十三歳のとき、今度は魯の季《き》氏の天下となった。このとき孔子は季氏に仕えようとされたが、のちに陽虎《ようこ》という者が反乱を起こしてまた国が乱れたので、ついに仕官をあきらめ退任された。ところが孔子が五十一歳のときに、季氏に背いて起《た》った公山弗擾《こうざんふつじょう》が孔子を呼び寄せようとし、孔子もまた応じようとしたが、これまた実現しなかった。その後も孔子は諸国を遍歴し、諸侯に仕えてみたが、いずれもわが志を実現できなかったので、また生国の魯に戻ったのが哀公《あいこう》の十一年、六十八歳のときだった。

それから七十三歳で亡くなるまで、仕官の希望はきっぱり捨て、門弟を教育し道を伝えることだけに集中した。六十八歳頃までは、志が主として政治方面にあって、素晴らしかったかつての周の時代を復興し、「天道」を天下に行ないたいという大目標があったと推察される。

「志」に殉死《じゅんし》するほど自信ある教え

五十にしてすでに天命を知った大聖人の孔子ともあろうお方が、魯の反臣である季氏に背いてさらに起った弗擾《ふつじょう》に、いくら召されたからと言って応じようとしたのは、思慮分別のない行動のように感じられ、また、いたるところで仕官運動をしたのを見ると、焦っていたようにも思われる。

当時の周囲を少し注意して見回せば、あの管仲《かんちゅう》という有能な政治家を用いてその志を遂げさせた斉の桓公《かんこう》のような名君がいないことくらい、わかりそうなはずだ。これがわからずに諸国遍歴をしたならば、孔子はまるで眼の見えない人物だったかのように思われる。

孔子は、はじめからそんなことは十分に承知していただろうが、このように志を成就することに執心していたのは、孔子が自分の志に忠実だったからだ。

どこでもかまわないから、わが志によって王道の模範を打ち立てさせてくれるところがあれば実践してみたい、今度こそはわが志を受け入れて遂げさせてくれるだろう、そして、あの偉大なる周の時代を復興して人民の幸福を実現したい。そんな熱い思いがあったためだ。孔子の心情察するにあまりある。

私、渋沢にも孔子の「志」あり

老いて六十八歳にもなってまで政治のことに執着していないで、早々に見切りをつけて門弟や弟子の教育に力を尽くしたほうが、孔子にとってもよかっただろうに、と思う人々もいるだろう。

だが、ひょっとしたら自分が出向けば、その国の政治が多少なりともよくなるかもしれないと思って、孔子が呼ばれるままにどこにでも赴いて行って仕えたように、老いた私も、奔走すれば、わずかでも世間のお役に立てるのではないかという思いがあるから、電燈の問題が起これればそこに顔を出し、アメリカの問題が起これればそれにも関わったりする。

要は、孔子のそうした「志」を忠実に学んだ、「国民の利益、幸福に貢献したい」という精神にほかならないのだ。

誰でも、今日から実践できる〝大いなる常識〟

古来、英雄とか豪傑と言われる人には、抜きん出た非凡な長所特色があるかわりに、大きな欠点もある。

ところが孔子には、ここが非凡な長所だと指摘できるものがないかわりに、また一つの欠点さえない。すべてがみな円満に発達し、すべてが非凡であると同時に、すべてが平凡であり、まったく欠点がない。
これこそ偉大なる平凡とでも言うべきだろう。

孔子自身が下情《かじょう》（下々の民の事情）に通じていると言っていたように、孔子は、世の中のことで知らないことは何一つなかった。史記（中国の古い通史や記録）にもあるように、六芸《りくげい》（礼・楽・射・御・書・数）に通じて、馬を御したり弓を射ることさえ心得て、何事にも秀れていた。要するに、孔子は欠点がなく、何事にも精通したすこぶる円満な人格で、常識の非常に発達した人物なのだ。

だから私は孔子に学んで、『論語』にある教訓を遵奉《じゅんぽう》してさえいけば、世間に出ても非難されない、常識の発達した人物になりうるものと信ずる。

また孔子の教訓は、誰でも学んで実行できるものである。

もくじ

はじめに　人生の武器となる『論語』で心から願う生涯を！

第一章　『論語』で、絶対安心の人生を！

1　実践で使える本物だから価値がある

2 誤解されることを恐れず、自分を偽らず

3 相手の器を見抜く

第二章 悩みを解消し、「不動心」をつくる

1 楽しんでも溺れず、哀しんでも落ち込まない

2 すでに起きてしまった事実は肯定して出発せよ

3 自己実現を可能にする法則

第三章

人に愛され、人を動かす、根本原則

1 等身大の自分でいくのが最善の処世法

2 人間関係に苦労する人

3 勝ちグセをつける

第四章　一生つき合える人、ほどほどにつき合うべき人

1　その発言と行動から見抜く

2 「思いやりの人」「こびへつらう人」を瞬時に見分ける

3 求める人を誤ったら一生の大損

第五章　相手を見て、接し方、話し方を変えなさい

第六章　今ある幸運を倍増し、永続させる

3　成功してから気をつけるべきこと

4　謙虚に改心すれば、すこぶる楽しく生きられる

第七章　天に味方される人になる

1　私欲に走った生き方で人生を狭くしていないか

2 道徳を用いれば、つまずくことなく富んでいく

3 自分のいまの生きざまに自信があるか

4 憂《うれ》えず、恐れず

第一章

『論語』で、絶対安心の人生を！

1 実践で使える本物だから価値がある

人を選ぶならこんな人

これから『論語』「学而篇《がくじ》」の章句について、実社会を生きるうえで実践すると役立つと感じたことを述べていこう。

有子《ゆうし》曰《いわ》く、その人となりや孝弟《こうてい》にして、上《かみ》を犯《おか》すことを好む者は鮮《すくな》し。
上を犯すことを好まずして、乱を作《な》すことを好む者は、
未《いま》だこれあらざるなり。
君子は本《もと》を務《つと》む。本立って道生ず。
孝弟なる者は、それ仁をなすの本《もと》か（学而）

有子《ゆうし》という人物は、孔子十哲のうちの一人ではない。だが、『論語』の序文にも、『論語』は、有子と曾子《そうし》という門人の手によって編まれたので、孔子の弟子の中でも、有若《ゆうじゃく》と曾参《そうしん》には、特別に「子《し》」の敬称をつけ、「有子」「曾子」というように『論語』では書かれていると記録されている。

有子の言葉には傾聴すべきものが多く、私はとても好きである。

さて、人間はいかに知恵があっても、人情に純朴なところがないと、とかく悪いことをするようになりがちだ。だから、私は人を使うにしても、知恵がある人よりも、人情が純朴で自分の家族に対して「孝弟の道(親孝行で兄弟仲をよくすること)」を尽くす親切な心のある者を積極的に採用している。

「孝弟の道」をわきまえた親兄弟に親切な人でも、なかには悪いことをする人もいるだろうが、そういうことをしたり、目上の人に逆らったりすることは稀《まれ》だ。目上に逆らうことを好まない者が乱を起こすことを好むなど、「未《いま》だこれあらざるなり」で、絶対にない。したがって人情が純朴で、「孝弟の道」をわきまえた人を集めて事業を経営すれば、ごたごたが起こる心配は、ありえない。

曾子《そうし》曰く、吾《われ》、日に三たび吾が身を省《かえり》みる。人の為に謀《はか》りて忠ならざるか、朋友と交わりて信ならざるか、伝わりて習わざるか　（学而）

曾子は孔子の弟子の中でも、私がとても気に入っている人物だ。

私は、曾子がここで説いているように、一日に三度わが身を省みるほどではなくても、人のことは誠実に考えてあげなければならないし、友人に対しては信義を尽くさなければならないと思っている。また、孔子から教えられた「道」をおざりにせず、つねに修めていかなければならないものだ、ということも忘れずに心がけている。

現代人には、この心がけが不足している。人のために誠実に考えてやり、友人の信義を尽くし、聖人の道を熱心に修めてさえいれば、けっして他人から怨まれることはない。私が、訪問を受ければどなたにでも面会し、つつみ隠さず意見を述べるのも、この章句を少しでも身をもって実践したいからだ。

「伝わりて習わざるか」という句を「他人に聖人の教えを伝えておきながら、自分ではこれを修めていないようなことがないか」という意味に解釈する人もいるが、やはり、**「他より教えられていながら、ただ聞いただけで実行を怠っているようなことはないだろうか」**と解釈するほうがいいだろう。

本末転倒にならないよう何事も加減が大事——礼も過ぎれば和を壊す

有子《ゆうし》曰く、礼の用は和をもって貴《たっと》しとなす。先王の道はこれを美となす。小大《しょうだい》これによる。行なわれざるところあり。和を知りて和し、礼をもって節せざればまた行なうべからざるなり　（学而）

ここで有子が言う「礼」とは、世間一般でいうところの「礼」ではなく、非常に広い意味の「礼」を指したもので、『礼記《らいき》』にある「礼」をすべて含むと捉える必要がある。

したがって、この句にある「礼」の一字には、周の国の刑制度のことも含まれているが、「礼」の精神が「和」を得ることにあることを忘れてしまっては、「礼」が「礼」にならず、かえって疎遠になる原因になってしまう。刑の根本においても、和を心構えとして執り行なわなければならない。

しかし、また「和」があまりに過ぎると、互いに狎《な》れ合ってかえって不和となり、世の中の秩序を乱すことにもなるから、そこは「礼」をもってこれを節していかなければならないもので、**「中庸」を得たところに真の和が存在する。**

有子曰く、信、義に近づけば言復《ことふ》むべきなり。
恭、礼に近づけば、恥辱《ちじょく》に遠ざかるなり　（学而）

いくら「信（誠実さ）」が重要だからと言っても、〝不道理な約束までも履行する〟というのは、よろしくない。道理にかなった正しい約束であってはじめて、人はその約束をどこまでも履行《りこう》しなければならない、という「信」が生じる。「義（正義）」でもないことまでも「信」を立てて約束を守るべきだとなれば、泥棒をする約束でもなんでも、履行しなければならなくなってしまう。

また、「恭」つまり、慎しみ深いのもけっこうだが、節度のある「礼」でなければ、卑屈になって恥辱を受け、そのうえ、下心があると非難さえされかねない。

実社会に臨んで、これらはいずれも深く注意するべきことだから、有子はこの章句のように説いたのだ。

私が実践して利益を得たことだけを述べよう

私のような学問もない者が『論語』について話すと、世間の一部からは、渋沢はそれで美名を売ろうとしている、などと悪口を言われるかもしれないが、私のレベルでは、『論語』の字句の説明や意義の解釈などで学者の先生に追いつこうとしても、とうていできない話だ。しかし、私はけっして空理空論を話さない。

すべて自身で実践したことで、社会で利益を得た点だけについて述べよう。

昨今は、末松謙澄《すえまつけんちょう》博士とか、井上哲次郎《いのうえてつじろう》博士とか、『論語』のことをいろいろと論議される学者先生もかなり増えた。これには、私のようなまったく無学の素人が、なにかにつけて『論語』を引き合いに出してお話ししたことも、多少は貢献したと信じている。私のような薄徳の者でも、たえず『論語』の話をしていれば、それが刺激となって学者先生方の深遠なる議論となり、ひいては世間一般が孔子の教訓に心を寄せることになるので、世の教化のために、いくぶんか役に立っているものと思う。

『論語』の教えには二種類ある

『論語』の章句の中にも、時代の関係から、いまではそのまま適用できないものもある。しかし、時代に関係のない個人個人の行ないについての教訓は、今日においても千年後でも、時代を超えて変わることなく即実行できる。

『論語』の教訓の中には、〝孔子の時代に、単にそのご時世の民を救うために

説かれたその時代特有のもの〟と、〝万世にわたって守り行なわなければならないことを説いたもの〟との二つがあると心得ておきたい。

私の『論語』についての話は空論を避け、主として孔子の教訓を実践するにあたって、どのように守り行なうといいかの工夫と、これにともなう実際の経験とを述べることを主意としている。

したがって、私自身がやろうとしてみても、薄徳のため実行できないようなことは、少しも隠すことなく、できなかったと述べてはばからない。

しかし、実践にあたって『論語』にある教訓をそのまま実行してきたこともまた少なくないから、この点についての話は、いまの青年諸君に多少なりとも役立つだろうと信じている。

人生のすべてに求められる「仁」とは何か?

「仁」については孔子も『論語』でいろいろと説いていて、いたるところに「仁」の文字が見える。「仁」を狭義に解釈すれば、**人に対して日々親切を尽く**

してやることという簡単な意味になってしまう。

これに対して、広義に解釈すれば、『論語』「雍也篇《ようや》」で弟子の子貢《しこう》が孔子に、「もし博《ひろ》く民に施しをし、そうして民衆を済《すく》う者があらば、どうでしょうか、仁者といえるでしょうか」と尋ねたときに、「どうして仁どころにとどまるだろうか。聖人ではないか」と答えたことからもわかるように、**民を救うこと、すなわち治国平天下**《ちこくへいてんか》が「仁」ということになる。

また『文章軌範《ぶんしょうきはん》』に収録されている、韓退之《かんたいし》（唐の時代の文人）の一文『原《げん》道《どう》』の冒頭には、「博く愛するこれを仁といい、行なってこれを宜しくする、これを義という。これによってゆく、これを道という」とあるほどで、**道徳の大**《たい》**本**《ほん》**になるもの**も、また「仁」である。「仁」はけっして小さな私徳にだけ限らない。そして公徳においても、心にとめて守らなければならないものである。

孔子は管仲《かんちゅう》という人物に感服しておらず、『論語』「八佾篇《はちいつ》」で、「管仲の器《き》小なるかな」と、ののしるような意味のことをもらしたほどで、孟子は弟子の公孫《こうそん》丑《ちゅう》の質問に「子《し》は誠に斉《せい》の人なり。管仲晏子《あんし》を知るのみ」と答えた。

つまり、「おまえは本当に斉の国の生まれで、斉のことしか知らない。偉い人物と言えば、管仲と晏子の二人しか知らないのだから。管仲や晏子は、大して偉い人物でなかったぞ」と諭している。

しかし、管仲の社会的功績は孔子も無視せず、「憲問篇《けんもん》」で、「管仲がいなければ、今ごろ我々はざんばら頭を振り乱し、着物の襟を左前《ひだり》にして着るような、野蛮でひどい状況になっていただろう」と、管仲が風俗改良で成果を上げた功をたたえ、「その仁にはかなわないぞ、その仁にはかなわないぞ」と、**天下を統一し、風俗を正した管仲の働き**を「仁」だと言って賞めている。

これによると、**治国平天下の道**もまた「仁」のうちであることが明白だ。

ビジネスにも「仁」は必要

孔子の時代は、いまほど商工業が盛んではなかったから、『論語』には、商工業を成功させる実践法や商品の作り方、売り方、商業道徳はどうあるべきかといった詳細は説かれていない。

しかし、「仁」は道徳の大本であり、さらにはちょっとした人間関係にも、国家を治めて天下を平和にするにも、「仁」が本《もと》になるとしているので、実業においても「仁」が本にならなければならないはずだ。政治にも、個人の普段の生活にも、人間関係にも「仁」が必要なら、実業にだけ、「仁」が不要であろうはずがない。

本当に「仁」を行なおうとすれば、国の政治も改善し、風俗も改良していかなければならないが、そこまでいくと、誰でも力を尽くせばすぐにできるというわけにはいかない。それぞれの順序がある。

しかし、国民がみな私徳と公徳を重んじ、実業にもその気持ちをもって当たるようにすれば、自然に「仁」が行なわれて、国家の品位を高めることはできる。

会社経営に当たっても、単に経営者を利するだけではいけない。もちろん会社の利益も追求しなければならないが、同時に国家の利益、つまり公益をも求めなければならないと信じて、私は今日までその方針で万事に対処してきた。

これは孔子が『論語』で説いている〝広義の「仁」〟を実践することにほかならない。また、「仁」には、必ず「義（正義）」がともなうことは、すでに述べたとおりである。

「巧言令色」と「直言」の利害

子曰く、巧言令色《こうげんれいしょく》には鮮《すくな》し仁　（学而）

これも「学而篇《がくじ》」にある句で、**心にいつわりのある者は、どうしても直言することができないものだ**。他者の悪いところを見ても、それを直言せずに言葉巧みに、顔色をつくろってその人に接する。

こんな巧言令色の人（口先だけうまいことを言って、うわべは愛想よく、他人に媚《こ》びへつらう人）でも、まったく「仁」のない、私徳公徳を無視する者ばかりとは限らない。だから孔子も絶対にないとは言わずに「鮮矣《すくなし》」と言っている。

しかし、一般的に言えば、「子路篇《しろ》」にも「剛毅朴訥《ごうきぼくとつ》は仁に近し」と説いているほどで、巧言令色の人よりも、剛毅朴訥（意志が固くて性格が素朴な人）で、直情径行（自分の感情のままに行動する人）で、他人の悪を見ればそのままにしておくことなく直言する者に、私徳公徳を重んずる人が多いように私は思う。

ただ、直言はけっこうなことに違いないが、直言するときは、時と場合を考え、直言の形式に注意は必要だ。

他人の悪を見つけしだい、すぐさまなんでも露骨に攻撃的に言うことが「仁」の道にかなうと思ったら、たいへんな心得違いである。孔子も他のところでは、**「發《あば》いて直《ちょく》とする、これを暴《ぼう》という」**と戒めている。

ところかまわず他人の弱点をあげて衆人の前で暴露するのは、「仁」に近い剛毅朴訥というよりも、むしろ礼を知らない乱暴の極みというべきで、この点は血気にはやりやすい青年たちが大いに慎まなければならない。

「巧言令色」と「礼」とを混同することが悪いように、いたずらに他人の非を摘発して直言するのも、また悪いことである。

日々の〝三省〟で記憶も増進

「学而篇」にて曾子が説いている「日に三省せよ」という教訓は、単に品性の修養に役立つだけではない。私の経験によれば、記憶力を増進するうえでも少なからず効果がある。

一日の仕事が終わって床に就いてからでいいから、その日にどんなことをしたかを静かに思い返す。他人のために心から忠実に尽くさなかったことや、友人に対して信義の足りなかったこと、あるいは他人に道を守るよう言っておきながら自分は怠っていたことなど、ありありと心に浮かんできて、今後こんな過ちを二度と犯すまいと反省し、身を慎むうえでたいへん効果がある。

同時に、その日の出来事が一つひとつ記憶によみがえってくるので、これらを順序よく心の中に並べて、ひと目で検閲することにもなり、深く脳に記憶されて容易に忘れなくなる。

このように三省の法は記憶力を増進するうえでも効果があるから、修養のためでなくても毎晩床に入ってからとか、あるいは翌朝になってから、とにかく自分が一日にした仕事について考えてみるようにしなさいと、私はときおり私の子どもたちにも言って聞かせる。

実行はなかなか難しいようだが、私は曾子のこの「三省」の実行を、ぜひいまの青年諸君にお勧めしたい。

できるところからでいい、余力があれば学べばいい

「仁」は道徳の大本だが、これを実践するにはどうしたらいいだろうか。

子曰く、弟子《ていし》入る、すなわち孝《こう》し、出づる、すなわち弟《てい》し、謹しみて信じ、ひろく衆を愛して仁に親しむ。行のうて余力ある、すなわちもって文《ふみ》を学べ　（学而）

孔子がこう教えるように、**まずは身近なところから始めて、家の中では父母に孝行を尽くし、外に出ては友人に尽くすべきを尽くす**。そして何事にも慎み深く、信義を重んじていつわらず、どんな人にも愛情をもって接するようにすれば、それが「仁」になる。**身近なこれらを行なってもまだ余力があれば、文、すなわち文字のうえの学問をせよ**、というのが孔子の教訓だ。

「行のうて余力ある、すなわちもって文を学べ」という句は、大いに味わうべきもので、内外に対して自分が尽くすべき道に尽くしもせずに、むやみに文字の学問ばかりをしても、その人は実行のともなわない文字だけの人になってしまい、立派な人とは言えない。いまの青年は、実行に努めないで、しかも余力があるわけでもないのに、文を学ぶことだけに専念しようとする悪い癖がないでもない。これは大いに戒むべき点だろう。

ここに掲げた一章は、日常実地の行ないについて、孔子が残した教訓のうちでも根本的なもので、『論語』の骨子である。

2 誤解されることを恐れず、自分を偽らず

私は七十歳でようやく不惑、愚かさも『論語』で正すことができた

ここで少々、今日までの私の経験を話そう。

私は、「十五歳にして学に志した」とだけは申し上げてはばかるところはないが、三十歳にして立った（自信や思想が確立した）とはとても言えない。

二十四歳のときに郷里を出て京都に行ったことは、今日の私の素地をつくったと言え、あのとき郷里を出ていなければ、今日の私はなかっただろう。

それを聞いて、「おまえは三十歳どころか二十四歳で孔子よりも早く立ったではないか」と言う方もいるだろうが、あのときの私の心情を回顧すると、立ったとは、どうしても言いがたい。

どちらかと言えば間違った行ないに出たもので、今、当時のことを思いめぐらすと、天朝に対し、おそれ多いことをしたと思うほどだ。

当時の考えは、ただむやみに過激で、自分の過激な意見が通らなければ死んでしまうというにすぎなかった。しかも、死ぬと言っても、華厳《けごん》の滝に投じた藤村《ふじむら》操《みさを》のように自分一人が死ぬのではなく、必ず道づれをつくり、自分の過激な意見を行なうのに邪魔立てをする者を殺して一緒に死のうというものだったから、立つどころか、やはり間違った行ないに出たものと言わなければならない。

天命はわからないが、一貫した思いはある

孔子は五十歳にして天命を知り、天の命ずるところを悟って行なうようになったと言われるが、私は自分が何歳から天の命ずるところを知りえた、などと高言することはできない。

徳川慶喜公や当時静岡藩を預っていた大久保一翁などに、明治政府からの召し出しに背いたらかえって徳川家を不利な立場に陥らせることになるからと説得さ

れた結果、しばらく明治政府に仕官したこともある。

しかし、私は一度は慶喜公に仕えた身だから、慶喜公がすでに大政を奉還して、世捨て人になられたからには、私も主従の義を守り、官途について政治に関係はしないと決心していた。

この精神だけは、フランスから帰朝した明治元年以来、今日にいたるまで、一貫して少しも変わっていない。私の精神は旧主家である徳川家に対する情義を全うしたいということにある。

たとえば、徳川民部公子のために二万円

慶喜公への忠義を尽くした一例として。私がフランスに留学したのは、徳川民部大輔（徳川慶喜公の弟・昭武《あきたけ》）に随伴するためだったが、当時、私のほかにも同行した留学生がいて、民部公子と一行留学生の費用として、毎月五千ドルほど支給されていた。私は経理に明るいという理由で会計担当をさせられ、民部公子の身のまわりの家具調度なども多く買い整えた。

明治元年、一行が帰朝する際には、買い求めた家具類をすべて売り払い、前納家賃の回収などを、当時パリにあった日本帝国名誉領事のフランス人フロリ・ヘラルドに一時委託してきた。諸道具の売り払い代金と前納家賃の回収金とを合計すると、かれこれ二万円ばかりになった。

これが回送されてきたはいいが、維新のために政府が変わってしまっているので、その二万円が新政府のものか、あるいは民部公子に渡されるべきものかについて、ずいぶんやかましい議論が起こって、ごたごたした。

そのとき私はわざわざ静岡から東京に出向いて、新政府当局にこう交渉した。

「フランスに残してきた諸道具や前納家賃回収金は、たとえ明治政府になってから現金化されたにしろ、道具を買って借家料を前納したときの経費は、留学中に民部公子に支給された費用全額の中から、私たちが倹約して捻出したものだから、いずれも民部公子の私有財産だ。したがってフランスから今回送られてきた現金は、民部公子に渡って当然だ」

と主張し、その二万円ばかりを受け取って帰った。

これも、旧主家の徳川家に尽くしたい一心から出たものである。

私を小僧扱いした勝海舟

私がフランスから帰朝したのは大政奉還後で、徳川家へは七十万石の藩を朝廷から静岡に賜ったのだが、当時はまだ旧幕臣である榎本武揚《えのもとたけあき》の一隊が函館にこもり、一旗あげて騒いでいる頃だった。

神田の錦町に静岡藩の役所があったので、私は帰朝後、そこで勝海舟としばしば会った。

当時、徳川が朝敵名義で懲罰にならずにすみ、静岡一藩を賜るようになったのも、勝海舟の尽力による。また勝を殺そうとする者が幕臣中に数多くいたにもかかわらず、いずれも勝の気力に圧倒されて近づくことができないなどと、評判は実に高かった。私も当時は少しは気力のあることを自負していた頃だったから、気力をもって鳴る勝とは好んで会ったりした。

しかし、当時の私と勝とはまるで段違いで、私は勝から小僧のように目下に見られていたようだ。そして、「民部公子のフランス引き揚げには、幕臣に栗本鋤雲《くりもとじょうん》のようなわからず屋がいたからさぞ困ったろう。しかしおまえの力で幸い体面を傷つけず、またなんの不都合もなく首尾よく引き揚げられてけっこうなことであった」などと、なぐさめられたり賞められたりしたこともある。

函館投軍を勧められる

函館にこもった榎本武揚以下の旧幕臣たちは、北海道を独立させておいて、それから手中にある旧幕府の軍艦に乗り込み、大阪を攻撃しようと考えていた。

当時、これは必ずしも実行できない空想でもなかった。

かと言って、恭順の意を表わしている慶喜公を首領にいただくわけにもいかないから、折から帰朝した民部公子と私たちの一行が上海《シャンハイ》に到着したときにも、同地までこの件で出迎えにきた者さえあった。

しかし私は断固としてこの勧めに応じなかったうえに、民部公子にもこれには応じないよう進言した。私が帰朝して、神田錦町にあった静岡藩役所で勝海舟に会ったとき、勝は、こんなことを私に言った。

「幕臣の中にも、まだこのような間違った考えをもっている者がいるので困る、しかし、おまえは民部公子をそんな者どもに担がせないようにしてくれたのでうれしい」

函館で旗揚げをした榎本軍に参加を勧められたときに私が応じなかったのも、すべて慶喜公の意向に従ったまでだ。慶喜公に対して「義」を守ることだけは、始終一貫してきたと言ってもけっして過言ではなく、明治六年に官を辞めてから以後は、断固として政治から足を洗った。

もしこれが「天命を知る」というものなら、もしかしたら私も明治元年六月以来天命を知った者と言えるかもしれない。明治元年は私が二十九歳のときである。

大久保利通に嫌われる

若い頃の話をしたついでに、余談ながら一つ述べておきたい。

若いうちはとかく何事にも率直になりがちで、思っていることが顔に現われやすく、遠慮なく思ったままを言ってしまうせいで他人に嫌われもする。

しかし、しばらくすれば他人も理解してくれるようになるものだ。

私も若い頃はずいぶん率直で、思ったことをどしどし言っていたので、大久保利通には、たいそう嫌われた。

私は明治二年の暮れ、新政府に仕官して大蔵省に入ってから、三年の暮れまでは主として大隈重信に使われたが、四年の春には大蔵大輔という役職にあった大隈が参議になり、大蔵卿だった伊達宗城《むねなり》も辞職して大久保利通が大蔵卿になった。

大阪の造幣寮の頭《かみ》だった井上馨が大隈の後を継いで大蔵大輔に任ぜられ、以来私は主として井上に使われることになった。

井上はすこぶる機敏な人で見識も高く、私をよく理解してくれたうえに、いたっておもしろい、磊落《らいらく》な（小事にこだわらない）性格で、私と一緒になって楽しむ遊び仲間にもなったので、彼と私とは肝胆相照《かんたんあいて》らす親しい間柄に進んだ。

さて、明治四年の八月、井上大蔵大輔の下に、私が大蔵大丞《だいじょう》という役職だった頃のこと。大蔵卿の大久保がある日突然、「陸軍省の歳費額を八百万円、海軍省の歳費額を二百五十万円に定めることにしたから」と言って、当時私と同列の大蔵大丞であった谷鉄臣《てつおみ》、安場保和《やすばやすかず》らを呼び寄せ、その可否を問うた。当日は、どうしたわけか井上はその会議に出席していなかった。

一般的に薩州人には一種妙な癖があって、なにか相談されたときにすぐさま可否の意見を述べると喜ばず、「熟考したうえで答える」と言っていったん引き下がり、翌日にでもなってから意見を述べると、これを受け入れるという傾向がある。薩州人だから、さすがに大久保にもこの癖があった。

ところが私がいきなり**「入るを量りて出ずるを為す」**の財政原則から説いて、諮問会議の席上ですぐに大久保の意見に反対を表明したので、維新三傑の一人と称せられるほどの偉い人物だった大久保は色をなした。

それでも大久保に反抗する

私と同列の谷も安場も、当時どちらも五十歳以上の老大丞らが大久保の風格にやや圧倒され気味でこれといった意見も述べず、無抵抗に賛意を表明しているのに、ようやく三十を越したばかりの若僧の私が、せっかく大久保が心に決めていた案に反対したので、こしゃくなやつだと思ったのか大久保は怒って顔色を変え、

「それなら渋沢は、陸海軍はどうでもかまわないという意見か」

と私に詰め寄った。これに対し私は、

「いくら私が軍事に暗いと言っても、軍備が国家に必要であることぐらいは心得ている。しかし大蔵省で歳入の統計ができ上がらないさきに、巨額な支出のほうばかりを決定することは、危険このうえもない」

とさらに抗弁したが、他の大丞らに反対意見がなかったので、ついに大久保の意見どおりに決定してしまった。

誤解などいずれ解けるから、恐れるな

私は幕府を倒すことを志にしていたほどの者だから、幕府を倒してできた新政府に対して、けっして悪感情を抱いていたわけではないが、薩州人が横暴だという感じは多少もっていた。

私の持論、**「入るを量りて出ずるを為す」**は正論で、歳入の見通しのないまま、支出ばかり決めようとした大久保の意見が間違っていると、私は確信している。

また、誰に聞かせても当時の私の意見のほうが正しいのだから、大久保が「渋沢は陸海軍がどうなってもいいと思ってるのか」と、色をなして詰問してきたのには腹の虫がおさまらず、これも例の薩州人の横車（車を横に押すように、道理に反した無理を押し通すこと）だと感じて、不快でたまらず、翌日ただちに辞表を提出しようと決心し、その夜、井上に相談に出かけた。

私は大久保を偉い人だとは思ったが、なんだかいやな人だと感じたものだ。大久保もまた私をいやな男だと思ったと見え、私はたいへん彼に嫌われた。

井上に辞職の相談に行くと、彼はこんこんと私を諭し、

「財政整理はおいおい実行するから、せっかく廃藩置県の制度が決まった今日、せめて廃藩置県の実績が上がり、新政の一段落がつくまで留任せよ」と勧め、さしあたり大阪造幣寮の整理をやってくれないかと頼まれ、十一月まで同地に滞在し、明治六年にいたるまで、不本意ながら官界にいた。

こんな調子で、私も若い頃は一代の人傑だった大久保にさえ誤解されて嫌われたのだ。しかし、結局、時がたてば真実が他者にも知られるものだから、青年諸君はこのあたりをよく心得ておくとよい。

3 相手の器を見抜く

人に会うとき

世間に多少なりとも名をなしている方で、来客に気軽に応じる人は少ないが、大隈重信だけは私と同じように、来るものは拒まず、誰とでも気やすく会っていると見受けられるが、彼のほかには門戸開放主義の方はあまりいないようだ。

私を訪問してくる方の中には、私に交際を求める人もいれば、不肖な私の話でも聴こうという篤志の方や、ものを頼もうという方もいる。実にいろいろだが、私はいずれに対しても誠意をもって応対し、ありのまま答えている。

その中には、私がどれだけ誠意正心で応対しても、誠意正心で応対してくれない人もいるかもしれないが、人間とは不思議なもので、こちらから誠意正心をもってすれば、先方も誠意正心で応対してくれるようになり、いつわれなくなる。

私はこのように誰にでもいやがらず面会し、交わりを求める方と交わり、話を聴きたいという方にはふつつかながらも話をし、頼みごとをする方には、及ばずながらできるだけの便宜をはかるように誠意正心で応対している。

さて実は、その間、私は**私なりの人物観察法があって、来訪する多くの方々、**

一人ひとりを識別をしている。しかし、人物の識別や鑑別はなかなか難しいもので、古人も人物観察法についてさまざまな意見を述べている。

私、渋沢の人物観察鑑別法

佐藤一斎先生は、人とはじめて会ったときに得た印象で、その人がどんな人かを判断するのが最も間違いない正確な人物観察法だとしていて、著書『言志録』の中には、「初見の時に相《そう》すれば人多く違わじ」という句さえある。

はじめて会ったときにしっかりその人を観《み》れば、一斎先生が説くように多くは誤らないもので、たびたび会うようになってからする観察は、考えすぎてかえって過誤に陥りやすい。

はじめて会ったときの、「この人はだいたいこんな人だろう」と思った感じには、いろんな理屈や情実が混じらないから、きわめて純粋な観点に立つことができ、その人がもし、いつわり飾っていれば、その点がちゃんと当方の胸の鏡に映って、ありありと見える。

ところが、たびたび会っていると、「ああではない、こうであろうか」と、他人の噂を聞いたり理屈をつけたり、事情にとらわれたりして考えすぎるから、かえって人物観察を誤る。


孟子は『孟子』（孟子の言行録）の「離婁《りろう》上」で、

「人に存するものは眸子《ぼうし》（瞳孔、ひとみ）よりよきはなし、眸子はその悪を掩《おお》うことあたわず、胸中正しければすなわち眸子あきらかなり。胸中正しからざればすなわち眸子くらし」

と人物観察法を説いている。つまり孟子は、その人の眼を見て人物を鑑別し、心情の正しくない者はなんとなく眼に曇りがあるが、心情の正しい者は、眼がはっきりして淀みがないから、これによってその人がどんな人格かを判断せよと言っている。この「人物観察法」もなかなかしっかりした方法で、人の眼をよく観察さえすれば、その人の善悪正邪はたいていてい、わかる。

孔子はこの三点を観る

子曰く、そのなすところを視《み》、その由《よ》るところを観《み》、その安んずるところを察すれば、人いずくんぞ廋《かく》さんや。人いずくんぞ廋さんや　（為政《いせい》）

初見のときに人を観相する佐藤一斎先生の観察法や、人の眸子《ぼうし》（瞳）を観てその人を知る孟子の観察法は、ともにたいへん簡易な手っ取り早い方法で、たいていはこれで人物を正当に識別できる。

ところが、人を真に知ろうとするなら、この観察法だけでは不十分な面があるから、ここにあげた『論語』「為政篇」の章句のように、**視《し》・観《かん》・察《さつ》の三つで人を識別する必要がある**というのが、孔子の遺訓だ。「視」も「観」もともにミルと読むが、視は単に外形を肉眼で見るだけのこと。

観は外形よりもさらに立ち入ってその奥に進み、肉眼のほか、心眼も開いて見ることである。

この孔子の『論語』に説かれた人物観察法は、まず第一にその人の外部に現われた**「行為」の善悪正邪**を見、次にその人の行為は**何を「動機」にしているのか**をしっかりと観て、さらに一歩進めて**その人の心のより所はどこにあるのか、その人は「何に満足して暮らしているのか」**を知れば、必ずその人の真の人物像が明瞭になり、いくらその人が隠そうとしても、隠し切れるものではない、というものだ。

どんなに行為が正しく見えても、その行為の「動機」つまり精神が正しくなければ、その人はけっして正しい人だとは言えない。ときにはあえて悪事を行なうかもしれない。

また、いくら行為が正しく、動機となる精神が正しかったとしても、もしその安んじるところが暖衣、飽食、逸居する（怠けて暮らす）というようでは、ときには誘惑に負けて意外な悪をしでかすことになる。

だから**「行為」と「動機」と「満足する点」**の三拍子そろって正しくなければ、その人は徹頭徹尾いつまでも正しい人であるとは言えないというのだ。

本当に器の大きい人

> 子曰く、君子は器《き》ならず（為政）

孔子は、君子は器物のようなものではないと言っている。人間である以上、どんな人も各人の技能に合わせて使えば、必ず役に立つ。箸《はし》には箸、筆には筆と、それぞれその器にふさわしい役割があると同様に、凡人にはそれぞれに得意の一技一能が何かしらある。すべての面にわたって有能というわけではない。

ところが**広い識見をもった非凡な人になると、すべてに優れているので一技一能に優れた器《うつわ》らしいところがなくなってしまい、**将に将たる奥底の知れない大きなところがある。

大久保利通は私をひどく嫌ったものだが、私もまた大久保を、いつもいやな人だと思っていた。しかし、彼が達識であったのには驚かざるをえなかった。

私は彼の日常を見るたびに、**「器《き》ならず」**とは、大久保のような人物を言うのだろうと、感歎の情を禁じえなかった。

たいていの人は、いくら識見が卓抜だと評判が高くても、その中身のおおよそは外から推察できる。ところが大久保だけは、どこからが彼の真相であるか、何を胸底に秘めているのか、底がどれだけ深いのか、不肖の私にはとうてい知ることはできず、まったく測ることのできない人だった。少しも器らしいところが見えず、外から容易にうかがえない非凡の達識をもっていた。

私もこれにはつねに驚かされ、「器ならず」とは大久保のような人のことを言うのだろうと思った。底が知れないだけに、彼に接するとなんとなく気味の悪いような心情が起こり、これが、なんとなく彼をいやな人だと感じた一因だろう。

幕政廃止の意がなかった西郷

西郷隆盛は、なかなか達識の偉い方で、「器《き》ならざる人」に相違ないが、同じ「器ならず」でも、大久保とはかなり違っていた。

ひと言で言えば、すこぶる親切な同情心の深い人で、どうすれば他人に利益を与えることができるかばかりに骨を折っていたように私には見受けられた。

あの山岡鉄舟《やまおかてっしゅう》(幕臣)が、江戸城からの使者で駿府の征東総督府を訪ね、西郷に会ったときに、慶喜公を備前にお預けしようという提議に対して不承知を唱えると、西郷は山岡の情を酌《く》み、即座に山岡の意向を入れて、備前預けは中止しようと快く承知したなどは、けっして西郷が凡庸の器でなく、深い達識のあった「器ならざる大人物」の証明だ。つねづね他人の利益をはかってやろうという親切な同情が深かったからだろう。

私の観るところでは、西郷には最初は幕府政治を完全に廃止してしまおうという気はなかったように思われる。

大西郷は賢愚を超越した、将に将たる人

西郷隆盛も、徳川幕末の制度組織では、とうてい今後の政治は円滑にやっていけないことに気づいていたに違いない。しかし、幕府に従来あった老中制度を廃止して、諸藩の新しい人材を年寄として召集し、幕府政治を行なっていけば、国政の改革を断行できるものと信じて、しいて幕府を倒す必要はないと考えていたように思われる。

前述したように、いったん徳川幕府が倒れても、おそれ多いことだが「親政の御代（天子みずからが政治を行なう時代）」とはならず、必ずや「豪族政治（土着の富豪や一族によって行なわれる政治）」になるに違いないと予測して、一橋慶喜公が第十五代征夷大将軍になることに反対したのも、実は西郷に徳川幕府をつぶそうという意思がないと思えたからだ。

西郷隆盛の平生は、いたって寡黙《かもく》で、めったに話をすることはなかったが、はたから観ると、はたして賢い達識の人なのか、鈍い愚かな人なのか、ちょっとわ

からなかった。

ここが西郷の大久保と違っていた点で、西郷は他人に馬鹿にされても馬鹿にされたと気づかず、逆に他人に賞められたからと言って、うれしいとも喜ばず、賞められたことにも気づかないように見えた。

いずれにしろ、非常に同情心の深い親切な人で、「器ならざる」と同時に、また「将に将たる（トップの中のトップである）君子」の趣があった。

文雅な木戸公と、器に近かった勝海舟

木戸孝允は、維新三傑の中では、大久保とも違い、西郷とも違ったところがあった。彼は大久保や西郷よりも、文学の趣味が深く、また、考えも行動もすべて組織的だった。しかし、「器ならざる」点においては、大久保、西郷の二傑と異なるところがなく、凡庸の器ではない大きな趣があった。

勝海舟も言うまでもなく達識で、凡庸の器ではなかったが、大久保、西郷、木戸の三傑にくらべれば、どちらかと言えば「器」に近いところがあって、「器ならず」とまではいかなかったように思う。

その他、伊藤博文にしろ、山縣有朋にしろ、井上馨にしろ、松方正義にしろ、大隈重信にしろ、あれほどまでになった人々だから、いずれも凡人と違う優れた人物に違いないが、維新三傑のような「器ならざる」方々かどうか、私から述べることは遠慮する。

彼らのほかに、いまの政界にも実業界にも「器ならざる」大人物がいるかもしれないが、批評がましい愚見を述べるのはやめて、維新の三傑はさすがに三傑と尊敬されるだけあって、スケールが違っていたとだけ述べておこう。

人を見るには細心の注意を

人物観察法については、孔子が説いた遺訓に基づき、「**そのなすところを視《み》、由《よ》るところを観《み》、その安《やす》んずるところを察する**」**視・観・察の三法**を手段としなければならない。

会う人に対し、すべて**視・観・察**の三つをやろうとすれば、当然、探偵が人に接するときのようにせせこましくなっておもしろくない。

それよりも佐藤一斎先生の教えのように、初見の印象でその人を判断し、それでもし観察が誤っていたと後日わかったら、しかたないとあきらめ、探偵のような冷たい疑心を抱いて人を観ずに、すべての人に虚心坦懐に接するのが、なによりの上分別《じょうふんべつ》だという意見の人もいるだろう。

たしかにそれも一つの接人法だ。

しかし、私としては、ずいぶん念には念を入れて、十分その人を観察しえたつもりでありながら、後になってその人に意外な行動があることを知って、自らの不明を恥じることがしばしばある。「人を観る」ということは実に難中の難で、けっして容易ではない。

なかでも、その人の「安んじるところ」を観察するのが、最も困難だ。

だが、人の真の姿を知ろうとすれば、なによりも最も注意して、その人の「安んじるところ」を察知すること。その満足する事柄を知りさえすれば、九分九厘まではその人の全貌を知ることができる。

第二章

悩みを解消し、「不動心」をつくる

1 楽しんでも溺れず、哀しんでも落ち込まない

人はとかく極端に走る

子曰く、関雎《かんしょ》は楽しみで淫《いん》せず、哀《かな》しみて傷《やぶ》らず（八佾《はちいつ》）

「関雎《かんしょ》」の「関」は、「和《やわ》らぎ鳴く声」を表わした言葉で、「雎《しょ》」は雎鳩《しょきゅう》で、すなわち鳥のミサゴである。

「関雎」は『詩経』の冒頭にある詩篇で、文王とその后妃との睦《むつ》まじき仲を、ミサゴの群が河の洲で仲良くする光景にたとえてうたったものだ。

美しくしとやかな淑女も、文王という君子を得るまではずいぶん苦悶したが、

哀しんで心身を滅ぼすようなまねもせず、文王と夫婦になった後も、楽しみに溺れて常軌を逸することなく、哀楽の中庸を得ていることをほめた詩が、この「関雎」の一篇だ。

孔子はこの一篇の詩を引用し、人は、哀しむにも、楽しむにも、すべて極端に走ってはならない、と戒めた。

人は、とかく何事においても極端に走る傾向があり、楽しむときには調子に乗って有頂天になり、哀しむときもまた前後を忘れて、ややもすれば昔なら腹を切るとか、現代ならば首をくくるだの入水するだのと、自暴自棄に陥りやすい。

ひとたび走り出した意馬心猿《いばしんえん》(暴れる馬や騒ぎ立てる猿のように抑えにくい欲情)は容易に止められはしない。目の前に大きな溝が横たわっていると気づいていながら、「えい、やってしまえ」と一気に飛び越そうとするのが人情の弱点で、楽しみに溺れない心情や、哀しみに落ち込まない心情を保つのは難しい。**これを実行していける人こそ君子というべきで、世間にはこういう人が少ない。**

一時の成功から、たちまち失敗する理由はここにある

私にしても、そんな極端に走らないよう、つねに心がけているが、薄徳の悲しさ、孔子の遺訓がなかなか実行できず、まだまだいたらないところが多い。

社会に出て、過誤のない道を歩もうという志ある人間なら、**人を憎んでもその長所を認め、人を好きになってもその欠点は判断できるだけの余裕がなければならない。**人は愛に溺れてはならないように、憎悪にも溺れてはならない。

学者も、ともすれば学に流れて実務を軽視し、実務家も、ともすれば実務に流れて学問を軽視するが、これも、楽しみに溺れ、哀しみに落ち込むのと同類である。学者が実務を軽んじるのは、学問を愛するあまりその愛に溺れ、実務家が学問を軽んじるのも、実務を愛するあまりその愛に溺れているためである。

人間はなにかにつけ溺れやすいもので、楽しみに溺れるように哀しみにも溺れる。哀楽の中庸を保って世渡りするのは、実に困難だ。

だから孔子も、**「好んでその悪を知り疾《にく》んでその好《よき》を知るは難し」**と説いている。

中庸を保てずに、学者が学に溺れ、実務家が実務に溺れてしまえば、たとえその人が無類の正直者だったとしても、その人の言動には、よいものを悪いと言い、悪いものをよいと言い、知らず知らず嘘が多くなってきて、よくないこともあえて行なうようになるおそれがある。

これが人生のハズミというものだ。処世のうえで最も戒むべきことは、ハズミに乗って調子づかないようにすることである。一時成功したように見えた人が、たちまち失敗するのは、いずれもみなハズミに乗って調子づくからである。

節度がありすぎる人は残酷陰険

楽しんで溺れず、哀しんで落ち込まず、その悪を憎んでその長所を忘れない人は節度のある人で、節度のある人でなければ、こうした中庸は得られない。

しかし節度ある人にもまた人間の哀しさで、往々にして欠点をともなう。ひとたび楽しめば溺れ、ひとたび哀しめば傷心してしまう。どういうことか？

極端に走りやすい人にも、捨てがたい美点があるもので、人情に厚く、どこまでも他人の世話を焼いて、なにがなんでも面倒を見てやろうと夢中になるのは、こんなタイプの人に多い。

これに反し、つねに何事も極端にならないよう心がけ、走りかけても途中で考えるぐらい徹底的に節度を重んじることを処世の方針にする人は、人情に薄く、物事にも人にも深入りせず、なんとなく冷淡で残酷な性情をしている。少し悪意に解釈する人の眼から見れば、陰険なところがあると言われてもしかたない傾向があるが、これは「節度ある人の欠点」とでも言えよう。

私は、節度ある人物にならなければならないと勧めると同時に、**「節度を守ることに徹しすぎて、薄情で冷淡になり、残酷に流れることがあってはならない」**と忠告したい。世の中は、けっして理知だけで渡れるものではない。**温かい人情**がなければならないものである。やはり節度を守ることについてもまた、

「中庸」を保つことが大切なのだ。

徳川慶喜公がまさにその人

節度を守って、しかも薄情冷淡にも、残酷にもならない心温かい資性を備えた人が、はたしていまの社会にいるだろうかと見回しても、なかなか見当たらない。ところが徳川慶喜公だけは、そういう人だったと言い切れる。

慶喜公はふだんから言動がいたって正しく、節度ある人だったため、私にはそう見えたものかもしれないが、「哀しんでも、それに溺れてしまわない」とは、まさに慶喜公のような人を指したものだと思ったことがある。

私がフランスに行く前は、徳川十五代の将軍として拝謁《はいえつ》したのだが、それから二年後に帰朝して、明治元年の暮れに静岡でお目にかかったときは、政権を返上して宝台院という小さな寺院に、謹慎の意を表して引きこもり中だった。

謹慎中なのでそれまで誰にも面会していなかったが、私が民部公子のお供をして帰朝してきたことと、私の地位も低かったから差し支えなかろうということで拝謁できた。

宝台院で、私の通されたのは六畳ほどのかなり狭苦しくて汚く薄暗い畳敷きの小部屋だった。その畳がまたしごく粗末で、私の王子の自宅（東京都北区）の玄関のほうがはるかに立派で、女中部屋にも劣るほどで、それが慶喜公の応接間だった。

泣けて頭が上がらなかった

私がしばらく待っていると、慶喜公はその汚くて狭く薄暗い部屋へ出てきて、私のすぐ前にお座りになったが、羽織袴姿で座布団さえ当てず、直接、汚れた畳に座られた。二年前に十五代将軍として拝謁したときとは、うって変わった姿である。

この姿を拝見したとき、私は頭が下がったままで上がらず、なんという情けないお姿かと泣けて泣けて、しばしの間は何も申し上げられなかった。やっと口がきけるようになると、まず出たのは愚痴で、私はいろいろ泣き言じみたことを申し上げようとした。

このときも慶喜公は少しも哀しげな様子がなく、取り乱した素ぶりもまったく見受けられず、眉一つ動かさずに私の愚痴を押しとどめ、こう言われた。

「昔のことは何も言うな。そんな話をされても困る。フランス留学中の民部の模様を聞こうと思って会ったのだから、民部の話をしなさい」

私はその言葉で目が覚めて、それきり愚痴話をやめて、民部公子のフランスでの様子を報告した。

節度のない哀しみに落ち込んでいる人なら、私の愚痴を意外な同情者でも得たかのような気になって、相づちを打つようになるものだ。

ところが公は泰然自若《たいぜんじじゃく》として(動じることなく)、私の愚痴を制止せられたのには、いまもなお感服している。

2 すでに起きてしまった事実は肯定して出発せよ

孔子は何事にも動じない

——成事《せいじ》は説かず、遂事《すいじ》は諫《いさ》めず、既往は咎《とが》めず（八佾《はちいつ》）

魯《ろ》の国の君主、哀公《あいこう》が、孔子の弟子の宰予《さいよ》に向かって、「氏神の社殿にはどんな樹木を植えたらよいだろうか？」と問われたとき、宰予は、哀公には、季孫《きそん》、叔孫《しゅくそん》、孟孫《もうそん》という三家と仲たがいしてこれらを排除しようとする意思があるのを察し、ちょうど忠臣蔵の加古川本蔵が松の枝をバッサリと伐《き》って主君桃井若狭助《もものいわかさのすけ》を遠回しに諫《いさ》めたやり方で、社殿に植える樹木の種類にかこつけて、威光をもって季孫、叔孫、孟孫の三家に臨み、彼らを恐れさせたらよかろう、と諷刺しながら、哀公に答えた。

これを聞いた孔子が、**「何事も過去にさかのぼって人を咎めだてするのはよろしくない」**と説いて、宰予の不心得を戒めた言葉である。

孔子はいたって執着心の薄い人で、万事にあっさりし、けっしてネチネチしたところのない性格で、どんなことに対しても、また誰に対しても、つねに淡然たる心情をもっていた。すでに起きてしまったことは、あとからとやかく言ったところでしかたない。すでに成し遂げられたことを、いまさらよろしくないと言って諫めたところで効果があるわけでもない。すべて過去は咎めないほうがよいと言ったのは、まことによく孔子が万事に淡然たる特色を発揮した言である。

ところん責めるべき過ち、見過ごしていい過ち

孔子の遺訓のように、過ぎ去ったことにどこまでも執着し、いつまでも問題視

して騒ぐのは愚のきわみで、死んだ子の年齢をいくら算《かぞ》えてもその子がよみがえるわけもなく、覆水《ふくすい》はけっして盆に返らない。人は過去に恋々として執着せず、将来を展望し、現在に努力するほうがいい。

しかし、どんな種類の過失でも、すべて大目に見て責めなくていいかというと、そうではない。**次のような過失は、社会や本人のためにも、責めなければならない。**

人の過失には二種類ある。

一つは「無意識の過失」で、もう一つは「故意の過失」だ。過失を責めるかどうかは、過失として外部に表われた結果よりも、まず過失を犯すにいたったその人の心情を調べて、それから決めるべきだ。

物事や形勢に対する判断を誤ったために生じた過失だとか、俗に言う出来心、いわゆる一時の気の迷いからしでかした過失は、その人がはじめからそうしようと企んでした過失ではない。無意識の過失に対しては、単に将来を注意するぐらいにとどめ、あまり追及して責めるべきではない。

しかし、世間には、悪い心を抱いて、はじめから過失を生み出そうと目論んで事に当たり、種々の準備をしてまで他人を陥れ、損害を加え、自分の利益だけを得ようとする者もいる。会社設立に際しても、こういう悪い心情で創立を発起し、事業の失敗を予定に入れている不心得者がいないでもない。

こんな故意の過失は、社会の利益幸福を増進する点から考えても、また本人を改心させるうえからも、とことん責めなければいけない。

悲観的な人は残酷

過失に二つの種類があるように、他人の過失を「厳しく責める人」と、「あまり責めずに寛大に見過ごす人」との二種類がある。

何によって、このように他人の過失に対して「酷な人」と「寛容な人」との別が生じるかというと、主に性情の問題だ。その人の性情によって、酷だったり、寛容だったりするのであり、物事を「楽観する人」と「悲観する人」との別があるのと同じことだ。概して言えば、悲観的傾向の人は、他人の過失を厳しく責め、楽観的傾向の人は寛容で、あまり他人の過失を責めないようだ。

井上侯と大隈伯との違い

井上馨は、すこぶる悲観的傾向の人で、他人の過失を責める性質だった。それで、何事に対しても、及ぼす影響より先に、まずそれによって生ずる弊害を指摘し、誰に対してもその長所を認めるよりも、まず欠点を見つけようとした。したがって彼は、どちらかと言うとやや残酷に思われる性格をしていた。

ふつうの人間なら、教育が普及して国民の学識が高まったと聞けば、喜ぶのが順当だが、井上は断固としてこれを喜ばず、教育が普及して国民の知識レベルが高まると、かえって高等遊民が多くなって国家の災害を生み出すおそれがあると心配した。

また、学者がどんなに立派な財政論を発表しても、こう言って罵倒していた。

「あれですぐ金銭を貸してくれと依頼に来るんだから、財政論も何もあったものでない」

私がいろいろ合本組織の必要を唱えて会社の設立に奔走しているのを見ても、「おまえなどが先棒を担いで会社会社と騒ぐものだから、会社が乱立して、そのため財界は苦境に陥り、ひいては国家の財政を危うくする」

などと言って、財政に関してもいつも悲観説を抱いていた。

大隈伯は井上侯と全くその態度が違っていて、彼はすこぶる楽観的で、何事に対してもその弊害を見ずに、その社会に及ぼす効益を挙げて悦ばれる傾向がある。

「過ち」から人を知れ

子曰く、人の過《あやま》つや、おのおのその党においてす。過ちを観《み》てここに仁を知る（里仁《りじん》）

これは「里仁篇」の中にある章句で、「党」の意味は「類」と同じである。
つまり、とかく人間とは、過失にも、その性癖が必ず表われるもので、その人の過失が「仁」に流れる欠点からきたものなら、その人が日頃、「仁」に厚い性格だとわかるし、また残忍に流れる悪習からきたものならば、その人の日頃の性行に、残忍な傾向があると知ることができる。

私の過失は、どちらかと言えば、「仁」に過ぎることによって生じるものが多い。私は他人に接するときは、いつでもその申し出を聞いてあげるつもりで対応している。

だからと言って金銭をめぐんでくれとか、仕事を助けてくれという頼みをすべて受け入れることはできない。たとえどんな依頼にも応じるつもりで接していても、応じたことによって、自分が損をするだけならまだしも、当人の利益にもならないうえ、第三者にまで迷惑をかけることになっては、はなはだ申し訳ないからだ。だから私もこの点には十分注意しているが、ともすれば「仁」に過ぎて、しなくてもよい世話までしてやったり、引き受けなくてもいい頼みごとを引き受けて失敗する。

しかし「人の過つや、おのおのその党においてす」だから、こうした過失も私が仁を実践しようと苦労しているな、と見てくれれば幸いである。

西郷、江藤、大久保の過失

明治維新の諸傑の中で、仁愛に過ぎてその結果、過失に陥るまでの傾向があった人は、西郷隆盛だ。明治十年の乱が起こったことも、西郷が部下に対してあまりに仁愛に過ぎていたからだと言わざるをえない。西郷は他人に対してどこまでも仁愛をもって接していた人で、一身を同志に犠牲として与えたので、ついに西南の乱をみる始末となった。

木戸孝允も仁愛のほうに傾いた人だから、木戸にもし失敗があったとすれば、それはやはり仁愛に過ぎることが原因である。

江藤新平は、西郷や木戸とはまるで反対の人で、残忍に過ぎるほうだった。江藤は人に接すれば、なによりもまずその人の邪悪な点を看破することに努め、人の長所を見ることはあと回しにしていた。

仁愛に過ぎるのと残忍に過ぎるのと、どちらがいいかと言うと、残忍に過ぎて過失をする人よりも、仁愛に過ぎて失敗をする人のほうが当然いいだろう。

孔子がとくに、「人の過つや、おのおのその党においてす。過ちを観てここに仁を知る」と言った理由も、この意味を述べたもので、人はたとえ過失を犯しても、その過失は仁愛に過ぎたことから起こったものでなければならない、と教えたのだろう。

大久保は、西郷と江藤との中間にある人で、仁愛に過ぎず残忍に過ぎず、仁半忍半とでもいう傾向の人だったが、しいて言えば、仁愛よりもむしろ残忍に近いほうで、仁四忍六の割合だったように思われる。

3 自己実現を可能にする法則

道理に照らして行動せよ

子曰く、利によりて行なえば、怨み多し（里仁）

自分の利益になるなら、他人はどうなってもかまわないというやり方で世の中を渡っている人が、世間からさまざまな怨みを受けている事実は多い。利己一点ばりで自分の利益をはかることにだけ動いている人で、世人の怨みを受けない者は一人もいない。

自分の利益だけを考えることが世間の怨みを買う原因になるなら、**人は何を**

目安に行動したらいいのか？　他人の利益を考えることを目安にしてやるのか？　これは多くの人の胸中に湧く迷いだ。

何事においても、「道理」に照らしてその是非を判断するのが最も安全な方法だ。自分の利益だけを目安にして行動すれば、世間から怨みを受けるし、かと言って他人の利益だけを目安にして行動すれば、いたずらに宋襄《そうじょう》の仁《じん》（無用の憐れみ）に流れて、自分を滅ぼしてしまいかねない。だから、多少なりとも他人が困る行動に出なければならないときは、その行動がはたして道理に合うのかどうかをまずは考え、道理に合う処置だと信じたら、思い切って決行すればよい。

一例では、私は銀行を営む者だから、ある抵当物を担保に取って金を貸す。そして金を借りた債務者が返済しないなら、やむなく担保を処分せざるをえない。この場合、抵当物を処分すれば先方は困るに違いないが、銀行業者のこの措置は、自己の利のために行なったと言えるものでもないし、また、実行したからといって銀行業者が世間から怨みを受けるはずもない。

なぜなら、銀行業者のこの措置は（双方納得の事前の契約に基づいた）道理に合ったことで、少しも道理に外れたところがないからである。

自信は安心立命の基

子曰く、位《くらい》なきことを患《うれ》えず、立つゆえんを患う。
己れを知ることなきを患えず、
知らるべきことをなすことを求むるなり（里仁）

青年たちは、ともすれば自分の境遇や地位が思うとおりでないために「仕事ができない」とか「手腕の振るいようがない」と言って、不平をならしたがる。

しかしそんな不平を言う人は、たとえその境遇や地位が思いどおりになっても、日頃大言壮語したように大きな仕事ができるものではない。

そもそもこんな考えを日頃から抱いているような人に、望みどおりの境遇や地位が容易に到来するわけがない。

だから、こんな空想を抱いて現在の境遇や地位に不平をならすよりも、現在の立場にいて、本当に自分の義務責任を完全に成し遂げられるかどうかを考え、それを果たすことに全身の努力を傾注したらよい。

そうでなければ、いつまでたっても心からの安心立命が得られず、日々不安と不平の念にかられて生活しなければならない。

自分の希望どおりになるのかならないのか、はっきりしない境遇と地位の改善をあてにするのはやめなさい。

いつどんなに困難な境遇に置かれても、いつどんなに高い地位に置かれても、いざ、その境遇に身を置いて失態をしでかさないレベルにまで、そして、その立場に対応していけるレベルにまで日頃から素養をたくわえ、それをたのみにして安心立命を得るようにするのがよい。

これが、孔子の「位なきことを患えず、立つゆえんを患う」の教えである。

また、どんなに「自分は偉いぞ」と威張り散らして触れて歩いたところで、世間の人はけっしてその人を偉いと認めるものではない。

ところが青年たちの中には、自分の技量才能を世間が認めてくれないからと、不平を言って騒いだり、また、世間に名を知られたいからと言って「おれは偉いぞ」と威張り散らして歩く者がいる。

そんなことをするより日頃の修養によって着実に実力をつけ、実践して着々と効果を上げるようにすればいい。そうすれば無理して名声を求めなくても、世間に認められるようになる。この点は功名心の旺盛な青年たちがとくと心得おくべきことで、孔子の教訓の趣旨も実にここにある。

曾子の偉大な人格

子曰く、参《しん》や、吾《わ》が道一もってこれを貫《つらぬ》くと。曾子《そうし》曰く、唯《い》と。子出づ。門人問うて曰く、何の謂《いい》ぞやと。曾子曰く、夫子《ふうし》の道は忠恕《ちゅうじょ》のみ（里仁）

「参」も「曾子」も、孔子の弟子である曾参《そうしん》のことである。

孔子教では、孔子の弟子の中のとりわけ秀でた者を十人選んで、これを〝十哲〟と称したが、そのほかに、孟子、顔淵、曾参、子思の四人を選んで〝四配《はい》〟と称して尊崇してもいる。

孔子廟（孔子を祀《まつ》る霊廟）では、この四賢者を孔子の陪賓《ばいひん》のように配して祀る慣習がある。現に東京湯島の聖堂にも、孔子にこの四配を配して祀ってある。

曾参、すなわち曾子という人は、孔子の弟子の中でもことに秀れた人材で、単に学問が深かっただけではなく、非常に親孝行な人でもあった。「身体髪膚《しんたいはっぷ》これを父母に受く」の句で有名な『孝経』も、孔子が曾子に孝を説かれたときの教訓である。曾子は実になにかにつけて偉大なる趣のあった人物だ。

ある日、孔子はこの曾子をつかまえ、「吾が道一もってこれを貫く」と、まるで禅宗の和尚の問答のような漠然としてとらえがたいことをおっしゃった。すると曾子は、わずかに一言「唯《い》」と答えた。つまり、「わかりました」と言ったのだ。

孔子がいなくなってから、かたわらでこの問答を聴いていた曾子の門人が、「さてさて不思議なこともあるものだ。大師匠の孔先生はわが説くところの道は多岐に分かれているが、これを貫いているものがただ一つあると言われただけで、その一つがはたして何であるかと言っておられないのに、曾先生はこれを聞いて〝わかりました〟と答えられたのは、実に不可解です」

と曾子に向かって、いったい、その一つとは何か？　と質問に及んだのである。

■キリストの愛《ラブ》と、孔子の忠恕《ちゅうじょ》

この質問に対しての曾子の答えが、この章句の最重要ポイントである。

曾子は孔子の四配の一人として祀られるほどの偉大な人物だけあって、孔子の精神をよくのみ込んで理解していたとみえる。

それですぐに一言で**「忠恕（良心に忠実で思いやりの深い心）のみ」**とずばり言ってのけることができたのだ。

つまり以心伝心で、曾子は孔子の精神を感得していた。孔子の多方面にわたる多年の教訓も、それを小さく凝集すれば、結局、曾子の言葉のように「忠恕」の二字に帰し、『論語』の教訓も、つまるところは「忠恕」の二字に集約できる。

だから『論語』の根本義《こんぽんぎ》を知ろうとするには、まず何よりも先に、「忠恕」がどういうものかを心得ておかなければならないのである。

忠恕とは何か――これはたいへん難しい問題である。キリスト教で言う「愛《ラブ》」は曾子の言う「忠恕」に似たものにも思われるが、そのあたりは私にも断言しかねる。

しかし、いずれにしても、「忠《ちゅう》」とは衷心からの誠意厚情を尽くし、何事に臨んでもいい加減な態度でなく、曲がらずにまっすぐな気持ちになることである。

それから「恕」とは、ひらたく言えば、「思いやり」と同じ意味で、ことに臨んで相手の立場――相手の心理状態になって考えてやることである。

そして「忠」と「恕」は個々別々のものではない。この「忠」と「恕」とが一体になった「忠恕」というものが、これすなわち孔子の一貫した精神で、また『論語』を貫く精神である。

「忠恕の精神」とはこんなものであると、一つひとつ具体的に説明するのは困難だが、『論語』に親しみさえすれば、曾子のようにこれを感得することができる。

すべての人がこれを感得して、つねに衷心に忠恕の精神を絶やさず、さらに智略をもって運べば、世の中のことすべて円滑に進行し、お互いに平和に生活していくことができる。世間がごたごたして紛争が絶えないのは、いまの人々に忠恕の精神が欠乏しているからである。

智略も必要

社会で生きていくに当たって、なによりも大事なのは「忠恕の精神」だが、この精神を行為に表わして実地に広めようとするには、「智略」すなわち「智」と「略」とがなければならない。つまり「智略」は、忠恕の精神が中心となって活動するときに必要な助っ人である。

「智」とは事物を観察して判断する力だ。この判断力がなければ、どんなに忠恕の精神を行なおうとしても、実際にどう処したらよいのか、見当がつかなくなる。また「略」がなければ、忠恕の精神を実際に行為に表わしても、かえって他人に災禍をもたらす結果になる。

従来、「略」という言葉は術策の意味に用いられる場合が多く、悪いイメージをともなっているが、私の言う「略」はけっしてそんな悪いイメージを含んだものでなく、「臨機応変の工夫、方便」と同じ意味である。

いまの世間の多くの人が物事を処理するところを見ると、智略だけはあるが、智略の原動力となるべきはずの忠恕の精神を欠いている。智略だけがあって忠恕の精神を欠く人の行動は、ただ「恩威《おんい》」だけですべてに臨むことになり、少しも温かさや正直さがないから、人心を動かすこともできなければ、社会を動かすこともできない。

「恩威」は金銭と拳固

「恩威」とは、ひらたく言えば金銭と拳固のことである。忠恕の精神を実践するためには、甘い顔をして人に接するばかりでもだめで、ときには拳固を握ってみせ、大いにおどしつけてやることも必要な場合もある。

そうかと言って拳固を示しておどしさえすれば、天下の者がみな恐れて万事うまく進行していくというものでもない。ときには金銭をやって恩を着せてやらなければならない場合もある。

このように金銭と拳固と、拳固と金銭とを互い違いに見せて、うまく物事の進行をはかる間に恩威が並行して、智略が功を奏することになるのだから、世渡りのうえに必要ではある。

しかし、「恩威」だけで、その根本となるはずの忠恕の精神を欠いていては、下世話で言うところの「仏をつくって魂を入れぬ」ようなもので、行なった恩威が恩威の効果を上げず、ひと苦労して実りなしとなる。

恩威の効果を上げさせるものは、まさに忠恕の精神であり、智略の効果を得させるのも、また忠恕の精神である。

第三章

人に愛され、人を動かす、根本原則

1 等身大の自分でいくのが最善の処世法

理論と実践を同時に

子《し》曰《いわ》く、学んでしかして思わざればすなわち罔《くら》し、
思うてしかして学ばざればすなわち殆《あや》うし　（為政）

これは、学理ばかりで物事を処理しようとすると失敗するし、実験ばかりを信頼して学理を無視したら同じように過誤に陥りやすいと、孔子が戒めた章句だ。

「罔《くら》し」とはどういう意味か。私には正確に解釈する力もないが、『朱熹《しゅき》集註《しっちゅう》』

の皇侃《おうがん》（梁の学者。『論語義疏《ぎそ》』の著者）の説に、「精思《せいし》（くわしく考える）せざれば行用《ぎょうよう》（実地の応用）にいたって乖僻《かいへき》（食い違う）す、これ聖人の道を誣罔《ぶもう》する（ないことをあるように偽る）ものだ」とある。

私の浅学で孔子の考えを推測すれば、どれほど理論上の学問ばかりしても、それを実際の経験に照らして観察熟思しなければ、結局その理論を実践することができず、「『論語』読みの『論語』知らず」になってしまう。

そうかと言って一にも二にも経験と、経験ばかりを楯にして、学問が教えてくれる理論を無視するようでも、闇の中を提灯なしで歩くのと同じで、はなはだ危険だというのが、この章句の意味だろう。

はたして、「学」の文字が、現在使われている「学術」と同じ意味で、「思」の文字がまた、「観察」と同義語かどうかは速断しかねるが、このように解釈してもよいのではないか。

人間はとかく一方にかたよりやすい傾向があるから、理論一点ばりにも流れず、また経験一点ばりにもかたよらず、孔子のこの戒めをお互いに守って、実体験によって理論の及ばないところを補い、理論によって実体験のいたらないところに達して、実践に当たって失敗を招かないようにしたい。

知らないことは、知らないとせよ

子曰く、由《ゆう》。汝《なんじ》にこれを知るを誨《おし》えんか。
これを知るをこれを知るとなし、知らざるを知らずとなす。
これ知れるなり（為政）

孔子が、弟子の子路、すなわち由《ゆう》に教えたように、**「知らないことは知らないと言い、知ったことだけを知ったで通す」**のが、知者はもちろん、すべての人のとるべき最善の処世法であり、こうして世に処すれば、しごく簡単に世渡りもできる。

ところが実際に臨むと、それがなかなか困難で、知らないことも知っているように見せようとするのが人の弱点だ。そのため、とりつくろいを重ねなければならなくなり、本来なら簡単にすむ世渡りを好んで複雑にして、しいて自分で自分の手も足も出ないようにしてしまい、自縄自縛のはめに陥る。

知らないことを知らないとするのは、道徳上でも処世法としても、しごく便利な方法だから、青年たちは当然この点に注意し、知らないことはあくまでも知らないで通し、けっして自分をあざむき、他人をあざむこうなどというつまらない考えを起こさないことだ。

西郷隆盛は自分をけっしていつわらない人

維新の頃の人々のうちで、知らないことを知らないとして、少しもいつわり飾るところのなかった英傑は誰かと言えば、やはり西郷隆盛だ。

西郷はけっしていつわり飾ることのない、知らないことを知らないとして通した人だが、そのため、思慮の足りない人々からよく誤解されたし、はたして真意がどこにあるのかはっきりしなかったものだ。これは西郷がいたって無口の人で、結論だけを語り、結論に達するまでの思考経路について、あまり多く口を開かなかったためだろう。

まず西郷の容貌から言えば、恰幅のよい太った人で、ふだんはどこまで愛嬌があるかと思われたほど優しい、いたって人好きのする柔和な顔立ちだったが、ひとたび意を決したときの顔はその正反対で、まるで獅子のようにどこまで威厳があるか計り知れないほどだった。優しさと威厳がともに備わるとは、西郷のような人を言うのだろう。

余談、大西郷と豚鍋を囲む

元治《げんじ》元年二月、私が京都で一橋家に出仕するようになった当時、はじめは奥口番といって家の奥に通じる詰め所の番をおおせつけられたが、すぐに一橋家の外交部とも言うべき御用談所の下役に任ぜられ、周旋方というものになって、諸藩から上洛する有志者や御留守居役などの間を往来して、彼らの意見を聞いたり、諸藩の形勢を探知したりして暮らした。西郷のところにも訪ねて行って、しばしばお目にかかったものだ。

そのころ西郷と私とは、もちろん非常な格違いだったが、私を少しは前途見込みのある青年だとでも思ってくれたのか、いろいろ懇切に話してくれ、ときには、「今晩、薩摩名物の豚鍋を煮るから、晩飯を一緒に食っていかないか」と、同じ豚鍋に箸を入れてごちそうになったことも二、三回あった。

西郷の話は、まれに慶喜公のことにも及んで、

「慶喜はたしかに人財で、諸侯中にあれほどの人物はいないが、惜しいことに決断力を欠いているから、おまえの力でどうするわけにもゆくまい。しかし、とにかくおまえからよく上司に話し込み、慶喜に決断力をつけるようにさせるがよい。そうすればあえて幕府を倒さなくても、慶喜を頭領に立てて大藩の諸侯を寄せ集めて統率しさえすれば、幕府をいまのままにしておいても政治はやっていける」

と語ったこともある。これが私が豪族政治を夢見るようになった理由である。

■井上や大隈に苦しめられる――間違った意見に同意すべきか?

井上馨や大隈重信は私の先輩で、私が今日まで世話を受けてきた方々である。めったに間違った意見を私に聞かせたことはないが、実のところを明かせば、これらの先輩と、何から何まで私が同意見ばかりだったわけではない。ときには、私が見て筋道の間違っていると思うような話をもち出して、私に同意を求めることもあった。

こんなときは、その非を指摘して、頭から「反対である」と言明するのが本当の道であろうが、あからさまにそう言いにくく返答に困ることがある。

たいていの人はこんなとき、腹の中では不同意でも、口先だけはその場かぎりの同意のような言い方をしてしまう。

だが、それでは自分をいつわり他人をあざむき、相手をますます間違った道に進ませるうえに、かえって迷惑をかけることにもなるから、私にはとてもそんなまねはできない。

こんな場面に遭遇すると困ってしまうが、孔子の弟子の子路《しろ》なども、ときおりこんな場面に出くわして困っている。

『孟子』の「滕文公下《とうぶんこう》」に子路の言葉として、

「いまだ同じからずしていう、その色を観れば赧々然《たんたんぜん》たり、由（子路）の知るところにあらざるなり」

とある。

「意見の違う相手にこびへつらっている人の顔色を見ると、さすがに恥じて顔を赤らめているが、そんなことは自分にはとてもできることでない」と言っている。

また同じ章句のところに曾子の言葉として、

「肩をすくめてへつらい笑うは夏畦《かけい》より病《つか》る」

とある。「人の機嫌をとるために肩をすぼめ、頭を垂れてへつらい笑うことは、炎天に田に出て耕作するよりも苦しい」というのだ。

彼らでさえそうなのだから、まして子路や曾子には及びもしない私がこんな場面に出くわせば困るのは当然で、はなはだしくなれば煩悶《はんもん》とでも言うほどの苦しみをおぼえる。

黙して答えないのが私の返答——表情、態度に気をつけなさい

「不同意だ」と、その場ですぐに言明しにくい筋の人から、自分が見て間違っていると思うことに同意を求められた場合は、どうすればいいのか？

こうしたことは、処世上必ず心得ておかなければならない問題だ。

私はこんな場合、たいていは「黙《もく》して答えず」といった調子で、賛否いずれの返答もしないことにしている。

それでもなお賛否の答えを求められれば、「考えておきましょう」とか、「再考します」と返答する。

渋沢が賛否を言明しなかったり、「考えておきましょう」とか「再考します」とか言ったら、不同意ということだと世間が察してくだされば、まことに私も楽で好都合である。しかし、すぐにそうと察してくれない人もあるから困ったものだ。

一つ注意しておきたいのは、表情だ。

どんなに黙して答えなくても、顔に出る表情の具合一つで、不同意である心中を同意であるかのように先方に受けとられてしまうケースもあるから、この点は大いに用心すべきだ。

実際に不同意で、返答をひかえておきながら、先方に悪感情を起こさせては困るなどという弱い精神から、表情や態度をまるで同意であるかのように見せてしまうことが、いちばんいけない。

これは先方を誤解させてあざむくことになり、ひいては先方に迷惑をかけるから、たいへんまずい措置だ。不同意でありながら、その場をつくろうために「同意である」と返答したのと同じことになる。

賛否の返答は言葉だけで表われるものではない。表情や態度によっても表われる。だから不同意で黙して答えない場合は、表情と態度とにも十分注意し、少しでも同意であると先方に誤解させてはならない。

2 人間関係に苦労する人

■「礼」はかけがえのない社会の秩序

林放《りんぽう》、礼の本《もと》を問う。

子曰く、大《だい》なるかな問《とい》や。礼はその奢《おご》らんよりはむしろ倹《けん》せよ。喪《も》はその易《おさ》めんよりはむしろ戚《いた》めよ　（八佾《はちいつ》）

この章句は、『論語』「為政篇《いせいへん》」の次の「八佾篇」のはじめにあるが、孔子の言う「礼」は、すでに述べたように儀式とか儀礼とかの小さい範囲に限ったものではない。坐臥進退に関する礼節などは、むしろ礼の末端に属するもので、**礼の**

礼たる要点は、社会全般にわたって秩序を維持するところにある。

したがって、「礼」の一字に含まれる範囲はすこぶる広く、大は一国の政治法律から、小は人の一挙手一投足にまでわたり、外は威儀典礼の細々したことから、内は心の持ち方にまでも及んでいる。

「礼」の一字にこれほど高遠な意味が含まれていることは、『論語』「顔淵篇《がんえん》」で、**「己《おのれ》に克《か》って礼を復《ふ》むを仁となす。一日己に克って礼を復めば、天下仁に帰す」**

と孔子が説いているとおり明らかで、礼を修めて「仁」であろうとすれば、まず自分に打ち克って私欲私心を捨てて社会の規範にかなう行ないをしなければならない。これこそ精神修養の道ではないか。

また自分に打ち克って礼を修めれば、天下は仁に帰して秩序が整然となる。これこそ政道の極意ではないか。

『礼記』に周の国の刑政のことを載せているのも、まさにこのためである。

孔子の答弁は王手を狙う

「礼」の本《もと》について孔子に質問した林放《りんぽう》は、魯《ろ》の国の人である。

彼は「礼」を説く当時の者が、枝葉末節にこだわってわずらわしい規則や礼儀だけを重要視しているのを見て、礼の大本はけっしてこんなものであるはずがないと思った。そして周時代の「礼」において貴ぶところも、こんなわずらわしい規則や礼法であるはずがないと考えたので、『礼記』を編むほど「礼」に精通している孔子に、その根本にあるのは何かを質問したものと思われる。

孔子はこの質問に接して、魯の人で「礼」についてうといはずの林放が、そんな問いを発したことを喜び、その質問がとても要領を得ているのにひどく感心して、まず**「大《だい》なるかな問《とい》や（大事な質問だなぁ）」**と林放を賞めてから、その質問に答えた。

孔子の答弁は、細かいことを並べてくどくどと説くのではなく、いつでも言葉を簡潔に要領よく、それでいて意味をもらすことなく巧みに説明するところに妙味がある。林放の「礼」への質問に対する答えもやはりそれで、問題が根本的なもので大きいだけに、（真正面から答えると）一朝一夕で言い尽くせず、際限がなくなってしまう。そこで孔子は「礼」の根本に言及するのを避けて、「礼」の末端に走ったときの弊害をとらえて指摘し、これによって自然と「礼」の基本が何かを、問う者に理解させた。これがいわゆる気の利いた答弁というものだ。

孔子は聖人だったが、その言論にはつねに気の利いたところがあったので、有《ゆう》子《し》が「学而篇」で「孝弟なる者は、それ仁をなすの本《もと》か（親孝行な者であることが、仁を得るためのすべての基本ではないだろうか）」などとずばり言ってのけたことは、孔子のこの気の利いた弁論ぶりを学んだ結果である。

「礼」の要は精神にあり——形式にこだわるより心に重きを

礼を重んじ、その末端にこだわる弊害は、林放が考えたように、わずらわしい規則や礼法に流れることだが、それに加えて、儀礼をつくろって体面を飾るために、贅沢に陥る者を生じるおそれがしばしばあることだ。

ひとたびこの弊害に陥れば、いかに威儀を整え礼儀に欠けたところがなくなっても、その威儀、その礼儀はすべてが抜けがらになってしまい、形があっても魂のないものになる。

「礼」の要は形骸《けいがい》ではない。その礼をとり行なう者が相手に対するときの精神にある。だから外形の礼儀を全うするだけの悪弊に陥るよりは、むしろ外形の礼儀を欠く恐れがあってもかまわないから、**倹約**を旨とし、**人を尊敬する精神と物事を慎重に考慮し、軽率に取り扱わない精神**とを、たえず忘れないようにすることが大切である。

この精神さえあれば、たとえ外形に欠けるところがあっても、その人は「礼」において完全なものである。

喪、すなわち凶礼も、もちろん礼のうちであるが、喪も外形においてむやみに完全無欠を期するよりは、**精神において悲哀痛惜の情を表現するのが礼儀上の道**である。

このように孔子が『論語』で教えているので、私は野人ながら、他人に対してなるべく粗末な言葉を使わず、どんな人にも衷心から敬意を表することにしている。祖先を祀ることなどにおいても、あえて外形を整えることに力を入れず、世間一般で行なわれていることだけをやり、精神に重きをおくことにしている。

維新当時は「礼」を問わなかった

礼はとかく乱世になると乱れやすいもので、行なわれないようにもなる。礼が重んじられて修められるのは、世の中が泰平になってからのことだ。したがって、維新当時の豪傑たちには、礼を重んじた人があまり見当たらなかった。いずれもみな磊落《らいらく》で、勝手に振る舞ったものだ。

その結果、家道（その家が守るべき道徳や、家計のやり方）の収まらなかった方々も多かったようである。木戸も井上もみなそうだ。その中で比較的礼を修めて堅かったのは、大隈ぐらいだろうか。一部にはいろいろと非難もあるが、大隈ならば、まず家道も収まったほうと言ってもよいだろう。

太閤秀吉の長所と短所

乱世の豪傑が礼を修めず、家道の収まらない例は、明治維新のいわゆる元老ばかりではない。どの時代でも、乱世とはみなそうしたものだ。

私も家道が収まっていると生意気なことを言えない一人だが、かの英雄、秀吉が、やはり「礼」を修めず、家道の収まらなかった随一の人である。

乱世に生い立った人間をあまり酷に責めるべきでもなかろうが、秀吉にもし大きな短所があったとすれば、それは家道が収まらなかったことと、「機略」があっても「経略」がなかったことだろう。

秀吉の長所は、言うまでもなく、その努力、その勇気、その機智、その気概だ。

秀吉の一生は努力のみ

これらの長所の中でも、最も長所と見られるものは、その努力だ。

私は秀吉のこの努力ぶりには心より敬服し、青年諸君にもぜひ見習ってもらいたいと思う。事の成就は「成就した日」にできたのではなく、そのスタートは、はるか遠い昔だ。秀吉が稀代の英雄になれたのは、たゆまない努力の継続の賜物である。

秀吉が木下藤吉郎と称して信長に仕え、草履取《ぞうり》りをしていた頃、冬になれば、藤吉郎の持っていた草履はつねに懐中に入れて温めておいたので、いつでも温かったというが、こんな細かなことにまでゆき届く注意は、よほど努力をしないと、とうていできない。また信長が朝早く外出しようとすると、まだ供揃いの家来が揃う時刻でなくても、藤吉郎だけは、いつでも信長の声に応じてお供をしたと伝えられるが、これも秀吉が非凡なる努力家であったことを証明するものだ。

中国からたった二週間で山崎

天正十年、織田信長が明智光秀に殺されたとき、秀吉は備中で毛利輝元を攻めていた。本能寺の変を聞くと、ただちに毛利と和睦し、弓銃各五百、旗三十と一隊の騎士とを輝元から借り受け、兵を率いて中国から引き返した。そして京都からわずか数里の山崎で光秀の軍と戦い、ついにこれを破って光秀の首を本能寺にさらすまでに、秀吉の費やした日数は、信長の死からわずかに十三日、二週間以内のことである。

これこそ秀吉が尋常でない努力家だった証拠だ。努力がなければいかに機智があって、いかに主君の仇討ちに熱心でも、こうまで万事を手早く運べない。

翌天正十一年賤《しず》ケ嶽《たけ》の戦いにあって、柴田勝家を滅ぼし、いよいよ天下統一を目の前にして天正十三年に関白の位に就いたが、秀吉が天下を統一するまでに要した時間は、本能寺の変からわずか満三年である。

秀吉には天分の優れたところもあったかもしれないが、なんと言っても、秀吉のけたはずれの努力が花を咲かせたのだ。

機略にすぐれ、経略に疎い

御前槍仕合《やりじあい》の話はずいぶん有名で、『絵本太閤記』にも載せられ、おもしろおかしく描かれているが、これも小説家が秀吉の一生を飾るために編み出した虚構であるとばかりは言えない。事実としてあったことで、秀吉がいかに機略に富んだ人物であったかがうかがえる。

長槍短槍の得失論が起こったときに、短槍の利点を説いた上島主水《もんど》が敵方のスパイだと見破り、逆に長槍の利点を説き、信長の御前の仕合で主水を顔色なきまで撃破したのは、秀吉の機略にもよるが、またその努力研究にもよっている。

日頃からよく研究努力して細事に注意していなかったら、主水が敵方の回し者だということを見破れなかっただろう。


秀吉が中国の陣中で本能寺の変を聞くや、たちどころにすべての事情を披瀝《ひれき》して、毛利輝元と和議を講じたところは、いかに秀吉が機略に富むかを示すに足る。

ところが、秀吉にはこのように機に臨み変に応じて事を処する**「機略」**があっても、どんな部下をどんな部署に配置して、どんな順序方法で全体の事業を進行させていくべきか、ということについての**「経略」**の才がなかったようだ。

その結果、なんでも才智に富んだ人物でさえあれば、その根本の精神を確かめずに、ことごとく信用して重要な地位を与えたように見える。

石田三成や小西行長などが秀吉の信用を得て重用されたのは、優れた才智があったためだが、三成や行長のような才智だけの人物を重用した結果は、加藤清正のような忠誠無二の（忠誠心が篤い）家来をうとんずることになってしまった。

片桐且元《かつもと》だけは、忠誠無二の武将でありながら、なおかつ秀吉の信用を得ていたが、それはむしろ異例のことで、且元が秀吉に信用された理由は、その無二の忠誠心の篤さからではなく、機略に富んだところにあったのではないか。

且元は清正のような単に忠誠無二なだけの人物ではない。元禄四十七士の大石良雄のようになかなか複雑な性格の機略に富んだ人物である。

秀吉は「礼」を知らない

秀吉の晩年が振るわなかった原因はいろいろあるだろうが、才智のある人物だけを偏重して、部下の人物配置を誤り、「機略」にだけ優れて、「経略」つまり経綸の才に乏しかったことが大きな原因の一つだろう。

しかし、その最大原因は、「礼」の大本をわきまえず、みだりに淀君への愛に溺れて、その間に生まれた秀頼を溺愛したことだ。そのため、一度は養子にまでして関白の地位を継がせた秀次をうとんじて切腹を命じ、その首を三条河原にさらして遺骸を葬った墳墓に畜生塚の名をつけ、一族すべてと家臣までことごとく殺すなど、家道のはなはだ収まらなかったところにあろうかと思う。

儒学者の太田錦城《きんじょう》の意見も私と同じで、信長の遺子北畠信雄《のぶかつ》と神戸《かんべ》信孝に対する秀吉の処置は、戦国のやむをえない事情として責めるべきではないが、秀次に対する処置は異常で許すことはできない。これはすべて「礼」の大本を忘れたためと言わざるをえない。

傍若無人《ぼうじゃくぶじん》な振る舞いに〝ツキ〟は回ってこない

蒲生氏郷《がもううじさと》は、もと織田信長に仕えてその寵愛《ちょうあい》を受け、永禄十二年八月、信長が大河内《おかわち》の城（三重県松阪市）を攻めるに当たり、年わずかに十四歳で先陣の功を立て、信長の娘を妻としたほどの英才である。

信長の死後、氏郷が秀吉に仕えるようになると、秀吉は氏郷の妻の美しさに迷い、氏郷に迫ってその妻を献上させて妾にしたというが、これは秀吉が単に氏郷の妻の美貌に迷ったためばかりとも言えず、戦国の政略上、氏郷の妻が信長の娘だから、これを妾にしておけば信雄、信孝らを牽制《けんせい》できると考えたかもしれない。

しかし、たとえ信雄、信孝と兄妹でも、すでに氏郷の妻になっている女を無理やりにその夫に迫って自分の側室にするのは、人倫を無視するものと言わざるをえない。

天正十二年、秀吉が小牧山の陣を収め、長久手の戦いを終え、ようやく大勢が自分に有利と見るや、天下統一の志を立てたが、目の上のこぶである家康のことが気にかかってたまらない。早く家康と和睦したいと思い、三河にいる家康にしきりに上洛を促したが、家康もさるもの、容易に応ずる気配がない。そこで秀吉もついに力尽きて施す策もなく、自分の実母を人質にして家康の許に送り、ようやく家康を上洛させて和睦できたと、正史は伝える。

晩年、振るわなかった真相

いかに天下統一のためとはいえ、秀吉が和睦のために、天にも地にも替えがたい自分の生みの母を家康の許に人質として出すなど、人倫を無視することははなはだしい。

また、家康と和睦したい一念から、すでに佐治日向守の妻になっていた自分の妹を取り返して家康の妻としてやるのも、ずいぶん乱暴で、人道を無視したものだ。人質や政略結婚がいかに戦国時代の倣《なら》いだと言え、このように「礼」の大本を忘れて人倫を踏みにじり、傍若無人に振る舞っていては、どんな英雄と言えどもけっしてその終わりを全うするはずがない。

秀吉は気概があり、勇気があり、機智があり、非凡な努力家だったにもかかわらず、晩年は衰退の一途をたどり、豊臣の末路は悲惨きわまりないものになったのも因果応報だ。秀吉の晩年や豊臣家の末路を見ても、人は勢いに乗じていい気になり、人倫を無視する傍若無人な振る舞いに出てはならないことがよくわかるだろう。この点をよく胸中に収めて、いかなる場合も「礼」を心がけたい。

3 勝ちグセをつける

争うことは、いけないのか？

子曰く、君子は争うところなし。必ずや射か。揖譲《ゆうじょう》してしかして升《のぼ》り下り、しかして飲ましむ、その争いや君子（八佾）

「君子は争うところなし。必ずや射か」の意味は、いやしくも君子はみだりに他人と争うことはしないものだが、弓を射て争うような礼儀正しい正々堂々たる争いならば大いにやってよろしい、ということだ。

周の国の礼法で、弓術の競技の際は、参加する人々はまず一同勢揃いをしたうえ、揖譲と言って、競技場にいたる階段を登る前に互いに一礼し、階段を登ろうとするとき、もう一度互いに一礼し、それから階段を登って競技場に入り、競技を終わって階段を降りたところで、また登段のときと同じ礼を互いに交換する。それから敗けたほうの者が罰則として酒を飲むというのが慣習だった。

孔子の教訓の趣旨は、このように礼儀正しく行なう争いならば差し支えないが、怒号咆哮《ほうこう》して好き勝手にやる争いは、けっしてしてはならないという戒めだ。

処世における争いのメリット・デメリット

しかし世間には、争いを完全に排斥し、「どんな場合でも争うことはよくない、右の頬を打たれたら左の頬も差し出せ」などと説く人もいる。ならば他人と争うことは、処世上、はたして利益になるものだろうか？　あるいは不利益を与えるものだろうか？

実際の問題になれば、人によってずいぶん意見が違うだろう。争いはけっして排斥すべきでないという人もいれば、絶対に排斥すべきものだと考える人もいる。**私個人の意見としては、争いはけっして排斥するべきものではなく、世渡りのうえでもたいへん必要なものだと信じている。**私に対して世間では、あまりにも円満すぎるなどという非難もあるらしいが、私はみだりに争うことはしないけれど、世間の方々がお考えになるほど円満な人間でもない。

孟子も**「敵国外患なきものは国恒《つね》に亡《ほろ》ぶ」**と言っているが、まさにそのとおりで、国家が健全な発達を遂げていくには、商工業においても学術技芸においても外交においても、つねに外国と争って必ずこれに勝ってみせるという意気込みがなければならない。

国家に限らず、一個人においても、つねに四方に敵がいて苦しめられ、その敵と争って必ず勝って見せようという気概がなくては、けっして進歩発展はない。

先輩にも二種類ある

後進を指導する先輩にも、大別して二種類の人物があるようだ。

一つは、何事にも後進に対して優しく親切に当たる人で、けっして後進を責めたりいじめたりせず、あくまで優しさと親切さとをもって後進を引き立て、どんな欠点失策があっても、その後進をかばっていこうとする。

こんな先輩は、後進から非常に信頼され、慈母のようになつかれ慕われるが、この先輩が、はたして後進にとって真の利益になるかどうかは、いささか疑問だ。

もう一つのタイプはこの正反対で、いつも後進に対する厳しい態度をくずさず、後進のあげ足をとって喜び、少しでも欠点があれば、すぐに叱り飛ばして完膚《かんぷ》なきまでにののしり責め、失策でもすると相手にしないほどに、後進につらく当たる人だ。このように一見残酷な態度に出る先輩は、しばしば後進の怨みを受けることもあり、後進の間ではなはだ人望が薄いが、こんな先輩がはたして後進の利益になるだろうか。青年たちにおいて、この点はじっくり熟考して当然だろう。

保護が、保護にならない

いかに欠点があっても、また失策をしても、あくまでかばってくれる先輩の親切心は、まことにありがたいものに違いないが、**こんな先輩ばかりしかいないとなれば、後進の奮発心をはなはだしく削《そ》いでしまう**ものだ。

たとえ失敗しても先輩が許してくれる、はなはだしくなれば、どんな失策をしても先輩が救ってくれるから、あらかじめ心配する必要はないなどと、しごくのんきに構えて仕事をするにも綿密な注意を欠いたり、軽率な行動をとったりするような後進が出てきて、どうしても後進の奮発心を鈍らせる。

これに反し、後進をガミガミ責めつけて、つねに後進のあげ足をとってやろうという気の先輩が上にいると、その下にいる後進は寸時も油断ができない。一挙一動にも隙をつくらないよう心がけ、自然に身もちにも注意して怠けることも慎み、後進の精神が引き締まる。

したがって、こんな先輩の下にある後進は、どうしても奮発するようになる。

私に益を与えたのはどちらか？

これについて私が体験したいい例がある。

私が少年の頃、郷里に二人の従兄がいたが、二人はまったく性質の違う人物で、一人は私を可愛がり、めいっぱい親切を尽くしてくれたが、もう一人はまったく正反対で、私をののしり、貴様のような生意気な人間は、親類中の面よごしだなどと、私を目の前において罵倒したこともある。それでいてこの従兄にはまた不思議なところがあって、世間に向けては、おれの親類には栄一のような偉い男もいるなどと誇らしげに語っていたようだ。

私はこの従兄にののしられると、悔しくてたまらず、世間に出て自慢するときには私の名を使い、私に面と向かっては、天下のやくざ者のようにののしるとは何事だと、腹が立ってしかたなかった。

ところが、いまになって思えば、私にとって二人の従兄のうち、どちらが自分のためになったかと言うと、親切で可愛がってくれた従兄よりも、いつも私を罵倒した従兄のほうなのである。あいつにバカにされるのが悔しいからと思う気が自然に私を発奮させてくれたので、今日の私があると言える。

品性の向上発展も、一種の争い

自分をののしり責めてくれる先輩が上にいることは、国家で言えば仮想敵国があるのと同じで、人間の進歩発達に役立つところが非常に多い。

『論語』の「顔淵篇《がんえん》」には「克己復礼《こっきふくれい》」の語がある。己《おのれ》に克って礼を復《ふ》むということも、つまりは、一種の争いだと言える。

私利私欲と争い、善をもって悪に勝たなければ、人はけっして「礼」に復り、人の人たる道を踏んでいけるようになれない。徳を修めて立派な人間になるには、どうしても争いを避けるわけにはいかないのだ。品性の向上発展は、悪との争いによってはじめて遂げられる。

私も争うことがある

徹底的に争いを避け、悪と争わず、己に克とうとする心がけさえなくなってしまうようでは、品性は堕落する一方だ。争いはけっして、けっして避けるべきものではない。社会の進歩にも、国家の進歩にも、個人の発達や品性の向上にも、なければならない。

私は不肖ながら、正しい道に立って、しかも悪と争わず、悪に道を譲るほど円満な腑甲斐のない人間ではないつもりである。人間は、円くてもどこかに角《かど》がなければならないもので、古歌にもあるように、あまり円いとかえって転びやすい。

私は世間で言われるほど、円満な人間ではない。一見円満なようでも、実際にはどこかに円満でないところがあろう。

若いときはもちろんそうだったが、七十の坂を越した今日でも、私の信ずるところを動かし、これをくつがえそうとする者が現われれば、私は断固としてその人と争うことを辞さない。自ら信じて正しいとするところは、いかなる場合においても、けっして他に譲ることはしない。ここが私の、いわゆる完全に円満でないところだろう。

老いも若きも、誰にでもこれだけの円満でないところが、あってほしいものだ。そうでないと人の一生も、まったく生き甲斐のない無意味なものになってしまう。いくら人の品性は円満に発達しなければならないものだからと言って、あまりに円満になり、過ぎたるはなお及ばざるがごとしと、『論語』「先進篇《せんしんへん》」にも孔子が説いているとおりで、人としてまったく品位のないものになる。

大蔵省時代の珍事

自分の信ずるところを譲らなかった実例を述べてみよう。

ちなみに、私は若い頃から、腕力に訴えて他人と争ったおぼえはない。私の争いは若いときから、すべて議論のうえ推理のうえでの争いで、腕力をふるった経験はいまだかつて一度もない。

では、どうやったのか？

明治四年、私が三十二歳で大蔵省に奉職し、総務局長を務めていた頃だが、大蔵省の出納制度を大改革し、改正法をしいて西洋式の簿記法を採用し、伝票によって金銭の出納をすることにした。

ところが当時の出納局長だった人が、この改正法に反対の意見をもっており、伝票制度の実施に当たってたまたま過失のあることを私が発見したので、当事者を責めると、もともと私が発案実施した改正法に反対のその出納局長が、えらい剣幕で私の執務していた総務局長室に押しかけてきた。

その出納局長が怒気を含んだ剣幕で私に詰め寄るので、私は静かにその男の言い分を聴き取るつもりでいると、彼は伝票制度の実施に当たってミスをしたことについては、ひと言も謝罪もせず、しきりに私が西洋式の簿記法を採用したことについてだけ、あれこれと不平を並べるのだった。

「だいたい貴公がアメリカにかぶれて、一から十まで西洋のまねばかりしたがり、改正法なんかを発案して簿記法によって出納を行なわせようとするから、こんな過失が出るのだ。責任は過失をした当事者よりも、改正法を発案した貴公のほうにある。簿記法などを採用しなければ、われわれもこんな過失をして貴公なんかに責められずにすんだ」

と言語道断の暴言をほしいままにし、少しも自分たちの非を省みる態度がない。

私もその屁理屈にはやや驚いたがそれでも怒らず、出納の正確を期すには、どうしても西洋式簿記法で伝票を使用する必要があることを、丁寧に説明した。しかしその出納局長は、少しも私の言に耳をかさないばかりか、二言三言言い争った末、満面朱を注いだように赤くなって、拳固を振り上げ、私めがけて打ちかかってきた。

その男は私にくらべれば身長が高かったが、怒気心頭に発して足がふらついていたうえに、あまり強そうにも見えず、私のほうはとにかく青年時代に相当武芸も仕込まれ、体を鍛えていたから腕力がないわけでもなかった。

その男が椅子から立ち上がって、拳を握り腕を上げ阿修羅のようにたけり狂い、私に詰め寄ってくるのを見るや、私もすぐに椅子からひらりと離れて身をかわし、落ち着いて二、三歩ほど椅子を前に控えて後ろに退き、その男が拳のもっていきどころに困ってまごまごしているのを見て、すかさず静かに一喝した。

「ここは役所でござるぞ、なんと心得ておる、慎みなさい」

その出納局長も、悪いことをしたと、はっと気がついたのか、振り上げた拳を引っ込めて、そのますますごすごと総務局長室から出て行った。

争わない青年は卑屈になる

その後、その男の進退が問題となり、また官庁内で上官に対し暴力を振るおうとしたのはけしからんと騒ぎ立てる者もあった。

私は気にしていなかったが、省中の者が当の私よりも憤慨して太政官に注進に及んだので、太政官でも放っておくわけにゆかず、その男はついに免職させられた。私はいまもずいぶんと気の毒に思っている。

いまの私のように、すでに七十の坂を越してしまった老人ですらも、争わなければならないときは、どこまでも争うことに躊躇《ちゅうちょ》しないのだから、いわんやまだ若い元気の充満した青年諸君が、一にも二にも争いを避けようという精神だけで世に立とうというのは、もってのほかで、そうなればどうしても卑屈に流れ、とりえのない人間になってしまう。

老人はともかく、青年のうちは、他人の顔色ばかりをうかがって争いを避けようなどとせず、争うところはどこどこまでも争っていく決心を、絶えず胸の内にもっていることが必要である。この精神がなければ青年は死んだも同然だ。みだりに他に屈せず、他と争って勝とうという精神があればこそ、進歩発達がある。卑屈で反発心のない青年は、塩がその味を失ってしまったのと同じで役に立たない。

独立独歩とか、艱難《かんなん》の間に道を切り開いて立身出世することも、もとをただせば争いを辞さない覚悟のあるところからくる。争いを辞さない覚悟がなければ、青年はけっして世の中に立って成功できるものではない。

私が今日あるのも、信ずるところは曲げないで、争うところはあくまでも争ってきたことに基づくと思う。

時機を待つ必要もある

大事なことを一つつけ加えれば、「争いをあえて避けない」と同時に、**「時機の到来を気長に待つ」ことも、処世のうえでは必要**で欠かせない。

私は今日でも争うべきときは争いもするが、半生以上の長い間の経験によっていささか悟ったところがあるので、若いときのように血気にはやって争うことは少なくなった。

これは世の中のことは、こうすれば必ずこうなる、という因果関係をよく飲み込んでしまって、すでにある事情が原因で、ある結果を生じてしまっているところに、とつぜん横から現われてどれだけ形勢を転換しようと争ってみたところで、因果関係は急に断ち切れるものでなく、ある一定の時機がくるまでは、とうてい人力で形勢を動かすことはできないことを理解したからである。

人が世の中を渡っていくには、形勢を観望して、気長に時機の到来を待つことも、けっして忘れてはならない心がけだ。

正しきを曲げようとする者、信ずるところを屈服させようとする者がいれば、断じてこれと争いなさいと、青年諸君にお勧めすると同時に、また気長に時機の到来を待つ忍耐もなければならないことを、つけ加えておきたい。

江藤新平と黒田清隆

維新時代の英傑の中で、よく他人と争い、腕力に訴えてでも、また理が非でもなんでもかまわず無理に我論我流を通そうとする性行があったのは、江藤新平だ。西郷隆盛とともに征韓論を主張し、それが通らないと業《ごう》を煮やして参議を辞め、郷里佐賀の不平士族に担がれ、島義勇《しまよしたけ》と志を合わせて旧佐賀城で兵をあげた。

敗れると鹿児島の西郷隆盛に救いを求めたが高知県下で捕われ、明治七年四月十三日、四十歳で斬首刑に処せられた。

「国を思う人こそ知らめ丈夫《ますらお》が心つくしの袖のなみだを」

という辞世の歌が残っている。

江藤はたいへん性急なたちで、いったん自分が言い出したことは、どんな場合も曲げず、無理に意見を通そうとして、時期の到来を待てなかった人だ。明治五年、司法卿に任ぜられて各府県に裁判所を設置しようとしたが、大蔵省と経費の点でもめたときも、ずいぶんえらい剣幕で大蔵省の当局者と争った。

江藤に次いで頑固で融通のきかなかったのは、黒田清隆だ。

黒田は明治四年、欧州から帰朝して参議・開拓長官に任ぜられ、北海道開拓事業の基を開き、アメリカからクラークを招いて札幌の農科大学を創設した。

明治二十一年から二十八年までの間に、前後二回総理大臣や同代理を務め、三十三年六十一歳で亡くなった彼は、よく他人と争い、ときには腕力に訴えてでも自分の意見を通そうとした人だった。

木戸先生と大久保卿

木戸孝允は、江藤新平や黒田清隆とはまったく性行の違った人で、人と争うことはほとんどなかった。私は木戸と親密な交際をしたわけでもないが、その日頃の行動から察すると、何事にぶつかっても時機を待つといった態度で、たとえ自分の意見が通らないからと言って、他人と争ってまで無理に通そうとはせず、成り行きに任せて静かに形勢を観望して、時節の到来を気長に待つ人だった。

私は大久保利通には嫌われたが、大久保が財政にろくろく通じもしないくせに、勝手気ままな意見を主張するから私が反対したまでである。また大久保が薩摩人の性癖から、私がいきなり率直に反対意見を述べたのが気に入らず、生意気なことを言う若輩だと思ったことから争いが起こったので、むしろこれは、大久保の一生の行為の中では例外に属するだろう。

大久保は江藤や黒田とは違って容姿の閑雅《かんが》（風流で上品）な落ち着いた人で、容易に他人と争うことはなかった。私と争ったことについては、もし大久保にもう少しゆったりした性格がありさえしたら、私と争わず、私の言い分にも理があるから詳細を聞いてやろうという気を起こすはずだと思うのだ。ここが木戸と大久保との相違点である。

伊藤博文の争いぶり

伊藤博文はまた木戸や大久保とやや違ったところがあって、争いを避けず他人と争ったものである。しかし江藤や黒田のやったような争いと違って、すべてが議論上の争いで、たいへん議論好きの人だった。

理が非でも自分の意見を押し通そうというのではない。議論のうえで相手を説得して、自分の意見を通そうというやり方だったように思う。

議論で争って相手を説得し、そのうえで自分の意見を行なおうというのだから、伊藤が相手と議論するときには、必ずまずその相手を無学な者と見なして、議論を浴びせかけてくる癖もあった。

伊藤の議論はすべて論理で築き上げたもので、この手で相手を説得できないときは他の手で説得するという具合に、四方八方から論理ずくめでびしびしと攻め立てていった。そのうえ伊藤の議論には必ず古今東西の例証をたくさん引用するのを例とする。その博引旁証《はくいんぼうしょう》（広く例をあげ、たくさんの証拠を示す）には、一度伊藤と議論した者はみな驚かされたものである。

伊藤博文の議論ぶり

こんなふうに伊藤は議論をすれば必ずその鋭く精密なる論理と、その豊富なる証拠の引用とによって相手をたたきつけ、グウの音も出ないようにしていたが、また一方においては、議論の相手を扱う呼吸もよく心得ていた。

証拠引用と論理とでたたき続けられて、相手が大いに興奮してきたなと見てとると、伊藤はちょっと鉾先《ほこさき》を外して、しばらくは論理や例証で相手を攻めることをやめ、相手の気が落ち着いて興奮が冷めるまで潮加減をはかって待っていた。

伊藤の議論ぶりを知らない人は、これで議論が終結したのかと思うが、あにはからんや、なかなかもってそうではない。

相手が落ち着いて興奮が収まった頃を見はからい、またぞろ前の議論に立ち返って、再び得意の論理と例証で、相手をどん底までたたきのめす。これこそ伊藤の得意とするところだった。

このように議論好きで、議論のうえでは好んで他人と争った伊藤だが、私人としての交際のうえでは、けっして他人と争わなかったらしい。議論上での争いは、どれも国事に関し、公事のことに関したものだけである。

大隈重信のその昔

大隈も、いまでは主として他人に説き聞かせる側の人になって、説き聞かせる一方のように見受けられるが、これは年齢も進み国家の長老となってからのことである。私が大蔵省で一緒だった頃――またその後になってからでも、まだ若いうちは今日のように語る一方でなく、ずいぶんよく他人の意見に耳を傾け、これをよしと見れば躊躇せずに採用した。

大隈も、維新の元勲の中では、他人と争わない側の人だろう。もっとも、明治初年のまだ若かった頃から、今日のような傾向が多少はあって好んで爽快な議論をたたかわせていたが、またよく他人の意見にも従っていた。

他人と争ってまで自説を貫徹しようという、江藤や黒田などとは違っていた。

第四章

一生つき合える人、ほどほどにつき合うべき人

1　その発言と行動から見抜く

不言実行の大西郷

子曰く、君子は言《こと》に訥《とつ》にして、しかして行ないに敏《びん》ならんことを欲す　(里仁)

「子路篇」の中にある孔子の言葉にも「君子はこれを言えば必ず行なうべきなり。君子はその言において、いやしくもするところなきのみ」とあるように、君子は口先だけでなく、言うよりもまず行動することを心がけるものだ。

自ら実行できないことを、油紙に火をつけたようにベラベラしゃべり立ててみたところで、その弁舌にはなんの権威もない。**弁舌の権威は、それを身に体して実行することによって、はじめて生ずる。**

道を天下に行なおうとする心がけのある君子が、「言に訥にして、しかして行ないに敏ならんことを欲」し、一言一句を大事にし、言えば必ずそれを行なうのは、実にこのためである。弁舌に権威がなくなってしまえば、いかに百万言を吐いても、世間は無視するだけだ。

日本も欧米のように言論を重視する風潮もやっと生まれる時代になったが、どんなに政治上や社会上のことに関して意見があっても、自らその立場にあって実行しうる位置にいないかぎり、いっさい評論めいたことをしてはいけない。

だが、雄弁など不要だという意味に解釈してはならない。社交の円満をはかるためには、陰気にむっつりとせずに、愉快に話し合うことも必要だ。

自分の意思を徹底的に発表するためには、雄弁を振るうこともまた必要だろうが、孔子の趣旨は要するに、ほらを吹いてはならない、人間にとって大事なことは弁舌ではなくて「実行」だ、「不言実行だ」ということである。

私の知っている維新当時の英雄のうち、西郷隆盛などは、「行ないに敏《びん》」とまで言えないかもしれないが、とにかく平素は黙々としていながら、行なうべきと考えたことは、言わずにこれを決行した人で、「言うよりも行なう人」、すなわち「不言実行」の人物だったように思う。

山縣、大隈、伊藤、井上はどうだったか

私の見るところでは、山縣有朋は、どちらかと言えばやはり大西郷と同じように、言に訥《とつ》にして行ないに敏《さと》く、あまり口数は多くなかったが、やることはやる「不言実行」の人物だった。

大隈は山縣とは違って言うことを必ずしも実行する人ではないが、伊藤博文は言って行なう人だった。

行ないに敏なるとともに、言にも敏だったのが伊藤である。伊藤の公事のときの談論ぶりについては、すでに述べたとおりだが、個人的に膝をまじえて座談す

るときも、筋道が整然として一糸乱れず、『資治通鑑《しじつがん》』（北宋の司馬光が編者。中国の編年体通史）だとか『左氏伝』（春秋左氏伝。『春秋』の注釈書）にある事例をよく引用した。伊藤は漢籍のみならず、西洋の学問の造詣もなかなか深かった。

井上もけっして学問のなかった人ではない。伊藤までいかないにしても、とにかく学問のあった人だ。しかし、伊藤のように理路整然たる筋道の通った議論のできなかった人で、形勢がおもしろくなくなってきたとか、国家に不利益な現象が現われてきたというときになると、整然たる条理によってこれを論評するということをせずに、

「それではたいへんだ」

「そんな馬鹿なまねをされてたまるものか」

といった調子で、大きくつかんだ議論だけを、やかましくやった。

しかし、行ないにはまったく敏で、とくに形勢を看破することにかけては最も敏な人だったから、世の中がどんなふうに動いていくのかをいち早く察知してそ

れぞれ臨機応変の処置を講じ、当面の形勢に応じて片っ端から片づけていくのは実に巧妙だった。日本国内の形勢推移を把握するに敏だったうえに、世界の形勢を把握することにかけてもなかなか敏で、これに対する処置もすべて機敏にやってのけた。井上はどちらかと言えば、言に訥で行ないに敏だった人と言えよう。

"徳"が人を吸い寄せた中江藤樹と二宮尊徳

子曰く、徳孤《とくこ》ならず。必ず隣《となり》あり（里仁）

弘法大師が高野山を開いたときには、そこに多数の民衆が寄り集まってきた。新しい会社が一つできて、これまで辺鄙《へんぴ》だった土地に工場ができることにでもなれば、やはりそこには民衆が多く集まってきて、その土地が昔と打って変わって繁盛するようになる。

足尾とか小坂（秋田県）とかは、もともと人の往来しない山奥だったが、そこから巨額の銅が産出するとなれば、一変して賑やかな土地になる。

これは利害関係によって民衆が利のあるところへ、アリが甘いところに寄り集まってくる例だが、徳のある人もこの例のように、けっして孤立することはない。必ず、その徳や精神に共鳴して、崇敬し慕い寄る人ができるとともに、物質的にも、徳のある人には民衆が寄り集まってきて隣家が多くなる。早い話が、徳の高い名誉のある人の家の近所に住む者は、なんとなく自分も徳のある人間になったように感ずるものである。

舜《しゅん》帝が居を構えたところには移住してくる者が多く、たちまち市をなしてその土地が繁盛するようになったと伝えられる。


近江聖人とあがめられた中江《なかえ》藤樹《とうじゅ》の住んでいた近江高島郡小川村には、その徳を慕って寄り集まってくる者が多く、途中で藤樹先生にお会いすれば、村の者はみな道を譲ったという。

また、二宮尊徳が相馬の中村（福島県）に住んでいたときにも、やはり尊徳先生の徳を慕ってその土地に多くの人が寄り集まってきたものだ。

藤樹も尊徳もともに実行の人で、藤樹がかつて京都に行く途中、駕籠《かご》の中から駕籠かき（駕籠をかつぐ仕事）の人に踏み行なうべき道について平易に語ると、駕籠かきはこれを聞いて感動し涙を流したほどだった。

尊徳が民を諭されるときには、まず至誠をもって懇切に説き示し、話しているうちに自分でも涙を流すほどだったので、感化の及ぶところは実に大きかった。

絶交する必要はない

子游《しゆう》曰く、君に事《つか》えてしばしばすれば、ここに辱《はずか》しめられ、朋友にしばしばすれば、ここに疏《うと》んぜらる（里仁）

この章句は、君主に諫言《かんげん》をしたり、友人に苦言を呈したりするときの心得を教えたもので、諫言や苦言はあまり繰り返すと害だけで効果がないということだ。

なんでも諫《いさ》めさえすればよい、小言を言いさえすればよいものではない。

同じ諫言をし、同じ苦言をするにしても、手心が必要だ。うるさく諫言苦言を続けると、どんな親しい関係でもしまいにはお互いに気まずくなって、主君から暇を出されたり、友人と絶交したりしなければならなくなる。

完全に関係を絶ってしまえば、いかに主君の欠点を改めさせよう、友人の悪いところを矯正してやろうと思ってもできない。

だから完全に絶交してしまうよりは、とにかく関係を絶たないようにさえしていれば、長い歳月のうちには、多少なりともよいほうに導いていけるようになる。

〝縁なき衆生《しゅじょう》は度《ど》しがたい〟が、縁を絶たないようにしてさえいれば、結局救うことにもなる。それゆえ私は、ごく親しい間柄の人や若い青年以外は、いくら諫言苦言しても聞き入れそうもない人には、言わないことにしている。

実際、自分と処世の流儀をまったく異にしている人に対して、いくら自分の意見を述べてそのとおりにさせようとしても、それはまったく徒労である。

自分で実践しなければならないことに対して、同意できない意見に賛成しろと勧められた場合は、私はもちろん断固、拒絶するが、他人がやっきになって試みる評論などで、私が賛成できない場合は、いっさい自分の意見がましいことは述べず、ただ黙っている。

しかし、これは私も歳をとって老熟した結果で、若いときにはずいぶん他人の意見に反抗して、盛んに議論を戦わせたりなどした。

2 「思いやりの人」「こびへつらう人」を瞬時に見分ける

「仁」とは英雄豪傑のこと

ある人曰く、雍《よう》や仁にして佞《ねい》ならずと。
子曰く、いずくんぞ佞を用いんや。
人に禦《あた》るに口給《こうきゅう》をもってすれば、しばしば人に憎まる。
その仁を知らざるも、いずくんぞ佞を用いんや　（公冶長《こうやちょう》）

この章句の雍《よう》という人は、姓を冉《ぜん》、字《あざな》を仲弓《ちゅうきゅう》と称した孔門十哲の一人で、人となりはいたって重厚で寡黙だった。ある人が雍を評して孔子に、

「雍は仁者であるには相違ないが、いまの世の中で立身出世をしようとするならば、あんな調子ではとうていだめだ。もう少し利口に立ち回って、弁舌もさわやかで口先もうまくなければならない。だけど、雍にはそれがない」

と言った。ところが孔子はこれに対し、雍は口が下手で言葉が訥《とつ》であることをとがめず、反対に、雍はまだ仁者と言えるほど十分な徳を備えていないことを遺憾に思うと述べてこう言った。

「人は弁舌をふるって他人にとり入る必要などはない。弁舌をふるって人と折衝し、わが意を遂げようとすれば、逆に人に憎まれるおそれがある。けっして口がうまくある必要はない。その点では雍はよろしいが、まだ雍には仁が足りない」

「仁」は至大至正の資質で、斉の国の政治家である管仲《かんちゅう》が、君主である桓公《かんこう》を助け、諸国を統一するのに兵馬を用いないようにしたのが仁であると、孔子は「憲問篇」で説いたほどである。

また孔子は「雍也篇」でも、広く民に施してよく衆を救うのが仁であると言い、また唐の時代の文人である韓退之《かんたいし》は、広く愛するのが仁であると説いている。

しかし、こうしたことは英雄豪傑でなければできないことで、仲弓（雍）の重厚をもってしても達せられない。だから孔子は「仁」を重んずるあまり、仲弓に認めなかったと思われる。

「仁の人」のようで、そうでない人

大きな意味の「仁」の極致は、管仲のような英傑であってはじめて到達できることで、広く民に施して大衆を救い、広く愛するということは、誰にでもできることではない。

しかし、小さな意味の「仁」は、心がけさえあれば裏店《うらだな》に住む小商人でも容易に実行でき、難しいことではない。交際上で、他人に慈愛を尽くし、辛く当たらず優しくしてやることも「仁」である。

そこで宋の儒学者、朱子は、「仁」を説明して、「愛の理、人の徳」だと言っている。まさにそのとおりで、愛の人、徳のある人は、他人とわずかな言葉を交わすにも親切丁寧で、自分の意見を主張するときでも、「そんな馬鹿なことがあるものか」などと荒っぽい調子にならず、しごくおだやかに人当たりがいい。また、目上の人に対しても、もちろん丁寧に礼を尽くす。

そのせいか日常生活に「仁」の心をもって臨む人は、往々にして口先のうまい者のように誤解され、口先だけで世渡りしている人のほうがいかにも「仁」を身につけた人だと見られることもある。しかし、口先人間にはさっぱりとしたところがなく、なにか一物を胸に隠して、私利私欲のために他人にとり入り、体面をつくろい他人に付和雷同し、ひどいときは私利私欲の邪魔になる人を陥れる。

岩倉具視《ともみ》は、策略はあったがけっして口先だけの人ではない。実にさっぱりとした人物だった。知恵があっても、その知恵は私利私欲をともなわず、実に純粋で清潔だった。だから、もし三条実美《さねとみ》を情において清かった人とすれば、岩倉具視は知において清かった人とでも評すべきだろう。

五代友厚は「仁」か「佞《ねい》」か——必ず他人に出し抜かれる人

私の知る維新の人で、仁か佞（口先がうまいだけ）かちょっと判断に苦しまなければならなかった人は、明治十八年九月に没した五代友厚《ごだいともあつ》だ。

五代はもと鹿児島の藩士で、文久二年の生麦事件から続いて翌三年、英仏の軍艦がその罪を追及して薩摩に迫った際、英国軍艦を攻めて捕えられ、維新になってからは外国官の判事を務め、大隈、伊藤、井上などと肩を並べていた。

私が官界を退いて実業界に入った頃、やはり五代も官界を去って実業に従事するようになったが、主として大阪に居を構えて働いた。


五代が官界を去ったのは、自ら期するところがあったためか、あるいは官界にいられない事情になったためか、そのあたりの事情は知らないが、私が実業界に力を尽くすことになると、私に向かい、こんなことを言っていた。

「おまえは東京でしっかりやってくれ、私は大阪でやるから……」

別に私は五代と約束して、東西相呼応し実業界で活動することになったわけではないが、とにかく私も五代も、ほとんど同時期に実業界に入り、五代は鉱山や製藍事業に関係し、大阪商法会議所を興して、その議長になったりした。

この五代友厚は、なかなか目上にとり入るのがうまい人で、大久保らによくとり入っていた。碁の相手もすれば、ともに煎茶もたしなみ、人ざわりが実にうまい。だからと言って幇間《たいこもち》をして、いたずらに目上の意見に付和雷同したわけでもない。そこの呼吸が実に巧妙だったから、口先のうまいやつだという批評があったかもしれない。

人物の鑑識眼の優れた人は、みなよく適材を適所におき、佞《ねい》と仁とを混同することがないが、「あれほど怜悧《れいり》（利口）な人が、どうして人物を見る眼がないのだろう」と思うほど佞と仁と区別がつかず、口先のうまい者を善良な人かのように鑑識違いをして近づけたりする例は、古今を通じて少なくない。

その原因は私にもわかりにくいが、要するに、己《おのれ》をむなしゅうせず（私情を捨てず）に、他人に対し、その人を用いて自分が得をしようとか、よい気分になろうという私心があることによるのだろう。

自分を主とせず、相手を主として考え、その人の利益幸福を増進するために、その人を用いてやろうという気でさえいれば、人物の鑑識も公平になり、口先のうまい人を優しい仁の心のある人だなどと間違えることもなく、そうした人に陥れられる心配は、まったくないはずだ。

木戸の適材適所の極意は、綿密周到さ

西郷隆盛は、あれほどの大人物だったが、適材を適所におくほどには優れた人物鑑識眼をもっていなかったかもしれない。往々にして他人に失敗させられもしたろうが、元来まったく私心のなかった人だから、孔子の教える「過ちをみてここに仁を知る」で、西郷の過失は「仁」の深い優しい情に端を発し、過失と言えば過失になるが、結局、西郷の過失は仁心が深すぎたことを示すものだ。したがって、他人に失敗させられても、他人に陥れられることは、絶対になかった。

木戸孝允は西郷とその趣きをまったく異にし、人を用いるに当たってもすこぶる綿密周到をきわめ、適材を適所におくことには妙を得ていた。それについて、

私の記憶に残る一例がある。

明治六年五月、いよいよ私が井上馨とともに官を辞して大蔵省を去ることになって辞表を提出したときに、井上と私の二人で三条公を経て提出した建白書がある。この建白書は私が立案して、当時大蔵省の役人だった江幡《えばた》五郎に起草させた。この江幡は後に那珂通高《なかみちたか》と称した人で、盛岡藩に生まれ聖堂で学問をした。漢学の造詣の深い達文の学者だった。この一文が当時曙《あけぼの》新聞に掲載され、世間から名文だと大いに賞められた。


私がまだ官界から退く前の明治四年の春頃だと記憶するが、ある日突然、木戸が私を湯島天神下の自宅に訪ねてきた。

取次ぎの者が、「木戸公がお見えになった」と言うから、「木戸公なら参議で、太政官でも偉い方である。あの木戸参議が私の宅へ来るはずがない。きっと人違いだろう」と取次ぎの者に言ったが、「いや、やはり参議の木戸公です」と言う。

何の用でわざわざ来られたのかと、恐縮しながら座敷に案内して用を聞くと、

別に大した用件でもなく、

「実は江幡という者を貴公の大蔵省で使っているそうだが、彼を太政官で採用したい。同人の学識については十分に調査してあり、承知してもいるが、はたしてどんな人物なのかよくわからないので困っている。同人について貴公の見たところを腹蔵なく聞かせてくれ」

ということだった。

私は江幡について、私の見ただけのことを詳細に木戸に説明したが、木戸が私をわざわざ自宅まで訪ねてきたその真意は、江幡の人物を知ろうというよりも、実はこれを口実に、渋沢はいったいどういう人間なのか話でもしてみよう、ということにあったのかもしれない。

それにしても、いわば一役人にすぎない江幡を太政官で採用するのに、その人物を知るため位の低い官吏にすぎない私の自宅まで、参議の身分をかえりみずわざわざ出向いてくるのを見れば、木戸がいかに人を用いるのに細心の注意を払い、適材を適所におこうと努めているか、うかがい知れる。

3　求める人を誤ったら一生の大損

天真爛漫な人

子曰く、道行なわれず。桴《いかだ》に乗りて海に浮かばん。我に従わん者はそれ由《ゆう》かと。子路《しろ》これを聞きて喜ぶ。子曰く、由や勇を好むこと我に過ぎたり。取りはかるところなし　(公冶長)

私のような者でさえ、政府のやり方があまりおもしろくなかったりすると、むしゃくしゃして田舎にでも引っ込んでしまおうかという気にならないでもなかったが、孔子もやはり、ときにそんな気になったこともあると見える。

「どうやったところで私の説く道は行なわれそうにないから、道を説くことなどやめて、桴《いかだ》にでも乗って海に出て、絶海の孤島で浮世ばなれしたのんきな生活でも送りたいものだ。そのときはきっと、子路が一緒に行ってくれるだろうな」

と孔子は言った。いかにも厭世《えんせい》的な嘆息《たんそく》のように聞こえるが、この言葉は道が行なわれないのを嘆くあまり孔子がもらした嘆きで、必ずしもこれを実行しようとしたのではない。

漢学者である大槻磐渓《おおつきばんけい》は、「海に浮かばん」を「海に浮かぶようなことにもならば」という意味に解釈すべきだと説いているが、その解釈が正確かもしれない。

「由」とは子路の名だが、

「私がいよいよ浮世を捨てて絶海の孤島に隠遁《いんとん》するようになったら、由よ、おまえは一緒に行くだろうな」

と師の孔子から声がかかったので、子路はこれを聞くなり、孔子が自分をよく知っておられると感泣し大喜びした。

しかし孔子は、子路がこんなに喜ぶのを見てかえって心配して、子路には向こう見ずの天真爛漫なところはあるが、どうも思慮分別が足らないから困ると、子路を戒めたのがこの章句である。

おもしろいが慎重を欠く人

子路が思慮分別に富んだ人なら、孔子の厭世的な嘆声を聞いたら、

「なぜそんなとんでもないことを言われるのですか。道が行なわれないからと言って孤島に逃げるのは、先生にも似合わない卑怯なお考えです」

と孔子の絶望を慰め諌《いさ》めるのが当然だ。

ところが子路には、師匠のためなら水火をも辞さない無類の勇気こそあれど、事に臨んで冷静な態度で処する智慮が乏しいから、諌めようともせず、

「われに従わん者はそれ由《ゆう》か」

とからかい半分に言った孔子の言葉を、まともに受けて喜んだらしい。

このように性急に物事を判断する傾向が子路にあることを、孔子はつねづね心配していたようだが、また別の見方をすれば、

「われに従わん者はそれ由か」

と子路を見てからかうような言葉を発するところに、孔子の弟子に対する親しみの温情が表われていると考えられる。


子路は「先進篇」にも、「子路率爾《そつじ》として対《こた》えて曰《いわ》く」とあるぐらい、性急なところのある智慮の足りない、がさつな性質の人だったが、根本は純朴で、どちらかと言えば少し奇人がかっていたようだ。

それで孔子もすぐ次の章句で、孟武伯《もうぶはく》という人の質問に対し、

「由や千乗の国、その賦《ふ》を治めしむべし」

と答え、由の器量は千乗の国である諸侯の国の大将軍には適しているが、

「その仁を知らざるなり」

すなわち、救世済民できる大政治家にはなれそうもない、と言っている。

子路はよほど変わったおもしろいところのあった人だと見える。衛《えい》の国の君主、霊公《れいこう》の弟で国外にいた人が本国へ帰ってきて、兄弟喧嘩の乱が起こったときには、どちらかに味方して勇ましく出陣した。ところが、合戦最中に冠が脱げ落ちたので、「君子は死すとも冠を脱せず」と古書にあるからと言って、無理にもその落ちた冠を拾おうとしたため、敵に斬られて死んだと、たしか『孔子家語』にあったと記憶する。

しかし、ふだんの服装にはいっこうに頓着しなかった人らしい。服装にまったく頓着しないのは、誰にでもできそうで、ちょっとできない。それだけでも子路がよほど変わったおもしろい人物だとわかる。

子路のような人は多いから注意

人にはどの程度の勇気があったらよいものか、それを限定することは難しい。子路ぐらいの勇気でさえ、孔子は向こう見ずすぎると戒めている。勇気だけでなく「礼」もあまりに過ぎると、それがかえってへつらいになる。何事につけて過不足ないようにするには、一にも二にも修業にたよるしかない。

孔子は、子路の向こう見ずな勇気が欠点でもあることを、十分に承知していたに違いないが、そばにおくとどことなく気さくでおもしろいものだから、遊説などにはいつも同道して、またからかったりして、おもしろがっていたと察する。しかし、そのためにうぬぼれ根性を子路に起こさせることがあっては、当人のためにならないという賢慮から、ときおりこのような訓戒を与えたと思われる。

実業界にも子路のような人物は少なくない。つき合ってみればしごくおもしろい、腹にわだかまりがいっさいなく、天真爛漫で竹を割ったような性分は、接している分にはいかにも気分がよい。

しかし、そうした人の言動は、どうしても原因・結果の関係を十分に考慮していなかったりして手ぬかりが多いから、うっかり賛成できない。

したがって、おもしろいからと言ってこんな人の考えや言葉にすぐに惚れて賛成し、実行でもしようものなら、とんでもない災難を招いたり、ひどい目に遭ったりするはめに陥る。

瓢逸《ひょういつ》でおもしろく、向こう見ずで天真爛漫な人の言行は、おもしろいからと言ってすぐ賛同せず、賛同する前に十分慎重に考慮したうえで賛否を決めるといい。そうでないと思わぬ迷惑を自分ばかりか他人にもかけることになる。当人にとっても、はなはだおもしろくない結果を招く。この点は深く注意を要する。

一を聞いて十を知る人材は、まずいない

子、子貢に謂《い》うて曰く、女《なんじ》と回《かい》といずれか愈《まさ》れると。対《こた》えて曰く、賜《し》やなんぞあえて回を望まんや。回や一を聞きてもって十を知り、賜や一を聞きてもって二を知るのみ。子曰く、如《し》かざるなり。吾《われ》、女《なんじ》と与《とも》に如かざるなり　（公冶長）

「回」とは顔回のことで、「賜《し》」は子貢の名だ。ある日、孔子が子貢に、

「顔回とおまえと、どちらが偉いだろう」

と尋ねた。すると子貢は、

「私などはとても顔回に及びません、顔回は一を聞いただけで十を知るが、私は一を聞いて二を知りえたら、それでもう精いっぱいです」

と自分が顔回に及ばないことを述べた。これを聞いた孔子は、子貢が自分の愚を知る明があることを深く賞めて、こう言ったという。

「まさにそのとおりで、おまえは顔回に及ばないが、及ばないことを知っているところが偉い」


顔回のように一を聞いただけで、次から次へと察しをつけて、十を理解してしまうほど頭脳の働く人はめったにいない。それどころか子貢のように一を聞いて二を知る人さえ世間にはほとんどいない。たいていの人は一を聞いても、その一すら満足に理解できず、お茶を濁しているだけだ。それなのにうぬぼれだけは相

応に強く、自分の愚を悟らず、ひとかどの才子ででもあるかのように錯覚して振る舞い、かえって大きな失敗をしでかす。

また一を聞いて十を知ることも、顔回のように学問上においてだけなら問題はないが、いちがいに素晴らしい性分であるとばかり言えない場合がある。

一を聞いて十を知る人を求めなくていい理由

私を一橋家に推薦して慶喜公に仕えるようにしてくれた人は平岡円四郎《えんしろう》だが、この人は一を聞いて十を知った。客が来るとその顔色を見ただけで、何の用事で来たのか、ちゃんと察するほどだった。

しかしこうした資質の人は、あまりにも先が読めすぎて、とかく他人の先回りばかりするから、自然と人に嫌われ、往々にして非業の最期を遂げたりする。

平岡が水戸浪士に暗殺されてしまったのも、一を聞いて十を知る能力があるに任せて、あまりに他人の先回りばかりした結果ではなかろうか。

恨みをかくしてつき合えば、媚びへつらうことになる

子曰く、巧言令色、恭《きょう》を足す。左丘明《さきゅうめい》これを恥ず。丘もまたこれを恥ず。怨みをかくしてその人を友とするは、左丘明これを恥ず。丘もまたこれを恥ず　（公冶長）

巧言令色がよくないことは、すでに「学而篇」の「巧言令色には鮮《すくな》し仁《じん》」の章句で詳しく述べたからここでは省略するが、「恭を足す」の原文である足恭はスウキョウと読んで、恭謙の度が過ぎることをいう。

他人にとり入ろうとして世辞軽薄を並べ、先方の顔色をうかがって自分の態度を変え、先方の気持ちに迎合し私利をはかろうとするのが目的で、腹にもない謙遜をして、ばかばかしいほど下手に出てみせるのは、いやしくも心ある者の恥じるところだから、孔子の先輩である左丘明はもちろん恥じた。

孔子（丘）もまた左丘明と同じ考えで、こういう行為を恥辱だとされ、とくに腹の中では憎くてたまらないほどの人に対しても、面と向かっては、友人のような顔をつくってつき合うことは、深く恥辱としなさいと教えたのが、この章句だ。

世間には、腹の中で「なに！　この馬鹿野郎が……」と侮蔑の念を抱いているくせに、本人の前では、いかにもその人を尊敬しているように見せかけ、後ろに回ったらすぐ赤い舌をペロリと出す者がいる。

孔子どころか私でさえも、そんな行為はとても恥ずかしくてできない。私はどんな人に対しても、同意できないことはできないと、はっきり言うことにしているが、自分の流儀とまったく違う流儀の人に対して同意するようも見せかければ、状況などに流されて、追従しなければならなくなる。

世の中は思い通りにならないもの——他人には他人の流儀がある

いやな人だ、好きになれないと思う人とは、その本心を無理に隠してまで友だちづき合いをする必要はないと私は思う。

怨みを隠して友だちづき合いをされたのでは、つき合わされるほうも非常に迷惑だ。あの人は自分と同意同感だと思っていたのに、なにかで瀬戸際になってから、ヒョイと肩を外されてしまっては、すべての計画が狂い、とんでもない馬鹿を見てしまう。

だから、怨みを隠して人を友とすることは、単に卑怯な行為であるうえに、先方に対しても少なからぬ損害をかけるから、深く慎まなければならない。

しかし、人の顔がそれぞれ異なるように、人の心も千差万別で、完全に自分の心の傾向と同じにしようとしても、それは不可能だ。

自分は自分の流儀で自分の行くべき道を進み、他人は他人の流儀で、これまたその行こうとする道に進ませるしか方法はないので、自分と違った流儀の人を無理に自分の流儀に屈服させようとしても、それはだめだ。

いろいろと流儀の異なった人間が寄り合って、大した喧嘩もせず助け合っていくところに、世の中のおもしろみはある。

したがって、自分と気の合わない人に対して、「きさまは大馬鹿者だ」と、頭からののしったりしないことだ。怨みを隠して交わるのが人の道でないにしても、それでは礼というものがなくなってしまう。

礼を守ってしかも巧言令色、馬鹿丁寧にならないようにするのが七分三分の均衡《かねあい》で、世を渡っていくに当たって実に難しいところだが、「礼」とは、いろいろと流儀の異なった人を寄せ集めて一つにまとめ、世の中を進歩させていくのに必要な膠《にかわ》のようなものだ。

いくら巧言令色足恭《すうきょう》は人の恥じるところであっても、礼を失うようになれば世の中は完全に乱れてしまう。

4 人に慕われ、なつかれる人

善を誇らず、労を転嫁しない人

顔淵《がんえん》が、**「願わくは、善《ぜん》に伐《ほこ》ることなく、労《ろう》を施《うつ》すことなけん**（自分が良いことをしても誇って吹聴せず、また、苦労を他人に押しつけないような人になりたいものです）」と、孔子に自分の「志」を述べた。

これは顔淵の精神に超越脱俗したところ（世間の俗事に執着しないところ）があったからこそ言える言葉だ。

善を誇らず労を他に転嫁しないことは、どうしても世間一般の人よりも、学者や宗教家などに多く見受けられるところで、これはまた一面から言えば東洋趣味であると言える。

西洋かぶれした人は、とかく自分の善を他人に吹聴して誇りたがり、自分の責任をなるべく他人になすりつけたがったりする。

しかし東洋、ことに日本では陰徳を尊重して、自分の責任を自分で負うだけでなく、他人の責任まで引き受けることを、武士道の粋であるとしている。

維新以来日本にも偉い人物が多く現われた。伊藤博文でも大隈重信でも井上馨でも、それぞれみな偉い人物であるに違いないが、いずれも善を誇りたがる人で、「おれはこれだけ偉いぞ」と言わんばかりに吹聴することを好んだ。

善を誇らない人はほとんど見受けなかったほどだと言っても過言でないが、西郷隆盛と西郷従道は、善を誇らない人だったように思う。亡くなって国葬の礼を受けた大山巌《いわお》も、また善を誇らない人だったように思う。

善を誇り労を転嫁したがる人は、どうしても多くの人からなつき慕われることはない。多くの人からなつき慕われる人は、けっして自分の善を誇らないものだ。大山には、別にこれと言うような傑出した能力があって人目を引いたわけでもなかったが、多くの人々に慕われた。これは善を誇らなかったからだと思われる。

人が善を誇らないようになるには、まず発達した常識がなければならない。善を誇り労を転嫁する人は、言わば常識の乏しい人である。大山は常識に富んでいたから善を誇らず、人からもなつかれ慕われるようになったと私は思う。

しかし、さらに常識の根底となるものに、「同情心」があることを忘れてはならない。精神の根底に同情心がなければ、人の常識はけっして発達しない。

善を誇らなかった人としては、西郷隆盛・西郷従道・大山巌のほかに、木戸孝允・徳大寺実則《さねつね》などもまたその人だろうかと私は思う。

「本物の善人」の三条件

孔子の「志」は、子路のように客気《かっき》にはやったものでもなく、かと言って顔淵のように仙人くさいものでもなく、温かく玉のように円満で常識に富んでおり、**「老者はこれを安んじ、朋友はこれを信じ、小者はこれを懐《なつ》けん」**（老人からは安心され、親友からは信頼され、後輩や立場の弱い人からはなつかれたい）というものだが、いまは若者の全盛時代で、老人は安心させられるどころか邪魔者扱いされる。

私は自分が老人になったから言うわけではないが、老人でも、まれには役立つことがある。人は年をとれば気短になる。先が短いからというわけではないが、気力が衰えてくると、気長にしていられないからだろう。気力が衰えてくるから、どうしても記憶力が鈍くなる。私も近ごろは気長にするつもりでも、とかく気短になりやすく、記憶力も若いときにくらべればいちじるしく減退して我ながら困るほどだ。

しかし、老人は長生きしてきた分だけ社会の変遷、人事の転変などにも多く接し、その結果、形勢の落ち着く先はだいたいどんなところか、その呼吸をよく会得し、「こうなればああなる」「ああいけばこうなるはずだ」とわかり、先をちゃんと予知できるまでになっている。したがって若者のように、調子に乗ってやりすぎて失敗を招く危険も少なくなり、たとえ失敗しても、世の中の景気が悪くなっても、若者のように悲観したりしない。

だから若いときから修養工夫を重ねてきた人が老人になれば、「為政篇」で孔子が説くように、**「七十にして心の欲する所に従って矩《のり》を踰《こ》えず**（道徳からはずれない）」という、自由自在の境地に到達できるだろうと思うのだ。

老人が若者にまさる長所は、実にその心の欲するところに従って矩《のり》を踰《こ》えない点である。ここがすなわち亀の甲より年の功とでも言うべきであろうか。

だから老人と子どもを基準にするといい

昨年の暮れから株式市場に大暴落があって、ずいぶん苦しんだ人も多いようだ。私は本年七十八歳の春を迎えて老人になっているだけに、これまで多くの変動を見てきている。明治十年の西南戦争後にはどうだったか、日清戦争後はどう、日露戦争後はどうということをよく知っている。

したがって昨年の暮れのように、あれほど人気が熱して高まってくれば、必ずあの熱した人気が冷却して衰え、株式市場は当然暴落するはずだと、私はかなり前から予測していた。あの暴落があった後になって、先見めいたことを言っているわけではない。まだ暴落する前に、兜町の事務所の人たちへは、笑いながら「私がもし株屋だったら、この際売り方に回る、きっと儲かるから……」と語っていたほどだ。老人には多年の経験があるから、それぐらいはわかる。

それから孔子は、**「朋友はこれを信じ、小者はこれを懐《なつ》けるのが志である」**と述べているが、子どもというものは、不思議に同情心のある常識の発達した人でないと、なかなかなつかない。子どもになつき慕われるような人であれば、その人は善人であると言っても差し支えない。

向上心が運命を分ける

子曰く、十室の邑《ゆう》、必ず忠信《ちゅうしん》丘《きゅう》がごとき者あらん。丘の学を好むがごとくならざるなり　（公冶長）

この章句は、人に向上心が必要な理由を説いたもので、「**わずかに十戸ばかりの小さな村にも、丘（自分）のような忠と信を体した者は必ずいる。しかし、丘（自分）のように学を好んで、絶えず向上を心がけている者がいないから、偉い人物が現われないのだ**」というのが孔子の信念である。

まさにそのとおりで、人々にいかに忠貞の心や信義を守る気持ちがあっても、ただそれを消極的に守っていくだけでは、けっして進歩発展はない。道に志して学を好み、たえず修養を怠らない者が進歩発展するのだ。

私が郷里の血洗島《ちあらいじま》（埼玉県深谷市）に帰っても、そのときに感じることは、やはり孔子がこの章句で説いたことと同じである。血洗島にも私のように忠なる者も、信なる者もいよう。また私と同程度に学問した者もいよう。

しかし、私のように実学を志して学問し、私のように道を愛して自分を向上させようという熱心さで学問した者はまずいないだろう。そう言いたくなる。

かと言って、私の漢学などいたって浅薄で、これと言うほどの役に立たず、私が学問を修めるべき盛りの年頃には世の中が騒がしく、落ち着いて学問などしているわけにいかず、ついに洋学を修める機会を逃してしまったことを、いまもってはなはだ残念に思っている。

この章句にある「学」には、二つの意味が含まれている。

一つは今日で言う物理学・化学・工学・応用化学・機関学などまでも含む「格《かく》物《ぶっ》致《ち》知《ち》」（事物に当たって真理にいたる）の学を意味したもので、もう一つは、精神上の修養を意味したものだろうと私は思う。

おなじ格物致知の科学を修めるにしても、真に学問を好んで修めるのと、ただ親の手前、世間の手前、学問をしなければ体裁が悪いからと言って、お義理に修めるのとでは、その出来映えに非常な差を生ずる。

孔子は、真に学を好んで学を修めたからこそ、古今無比の大学者となった。真に学を好んで学を修め努力さえし続ければ、人の品性もまた自然と向上していく。

学問した人の長所——学問は一種の経験

実業界で成功者と言われる方々の中にも、学問をしていない人がいなくはない。それを見て学問は無用の長物であるかのように言い、学問の徳を侮蔑する人もいるが、これは一を知っただけで二を知らないものだと言わざるをえない。

学問がなくても、才智があって力量があり、また努力しさえすれば、ある程度までは何事でも成し遂げられるが、学問をした人でなければわからないことも世の中にはある。

物事の大筋を把握し、人情のおもむくところを察し、目下の時勢に処して何が最も急務であるかを明察し、決然たる覚悟ができるのは、どうしても学問をした人で、才智や力量や努力ばかりではできるものでない。学問をした人は、なにかにつけ仕事に順序が立って、秩序正しく事業を進めていける。

学問のない人のする仕事は、どうしても乱雑で、事業が秩序正しく進行しないものだ。このごろ、西洋では能率増進が問題になって研究されているが、同じ一の力でも学問をした人がやれば、学問をしていない人よりも効率よくできる。つまりはきちんと秩序正しく仕事を進めていき、この次にはこれ、これがすんだらあれと、時間も力も無駄にしないで有効に利用できるからだ。

学校出が役に立つとか立たないとかという問題も、つまるところ、その能率次第で決められるべきだろうが、学校の学課を順序よく修めてきた者は、学校出でない者にくらべれば、やはり仕事に秩序的なところがあって、能率が上がるように思われる。これが私の今日まで体験した結論である。

私一個人としても、及ばずながら自分の仕事を順序立てて進めることができ、変遷の激しい時勢に処して目下の急務が何かを察知判断できたのは、多少なりとも学問をした功徳があったからだと思う。

学問をした人が、学問がないからと言って経験者の経験をあなどってはならないように、経験者も自分に経験があるからと言って、学問を修めた人の学問をあなどってはならない。広い意味では、学問は一種の経験で、経験はまた一種の学問である。

第五章

相手を見て、接し方、話し方を変えなさい

1 人を理解するには、その経歴も見よ

後ろめたさがあれば、一生おびえることになる

哀公《あいこう》問う、弟子《ていし》たれか学を好むとなすと。
孔子対《こた》えて曰く、顔回なる者あり学を好む。
怒りを遷《うつ》さず、過ちをふたたびせず、不幸短命にして死せり。
今やすなわち亡《な》し。いまだ学を好む者を聞かざるなりと　（雍也）

この章句は孔子が晩年に自分の生国の魯《ろ》に帰ってから、当時魯の王であった哀公との間で交わされた問答を記録したものだ。

孔子は七十三歳で亡くなっているから、この問答はおそらく孔子の亡くなる一、二年前頃のものと思われる。

孔子の遺した数多い教訓も、「あの言葉はどんな場合に発せられたもの」「この教えはこんな場合に臨んで言ったもの」というように、その間の消息をのみ込んでおけば、同じ『論語』を読むにしても、その章句の意味がいっそう明確に理解できるようになる。

哀公の十一年に六十八歳で生国の魯に帰るまでは、孔子は、政治の実際に臨んで自分の思想を実現しようと志していたことは、すでに述べたとおりである。

ところが、実際の政治舞台に立って自分の政策を実施できる見込みが完全に絶えてしまったので、孔子は従来の希望を一変して、弟子を育てて文教を説き、これによって諸侯を動かし、精神的方面から諸侯の心に食い込んで自分の志を貫こうとした。

その一つの方便として、魯の『史記』により『春秋《しゅんじゅう》』を編纂し、寸鉄《すんてつ》よく人の心胆を寒からしめる（短いが深遠な意味の言葉で、心の底から怖れおののかせる）ような筆法で、史上に登場した実在の人物を遠慮なく批評したので、ひとたび『春秋』をひもといた諸侯は、なんとなく自分を当てこすられ皮肉られでもしたかのように感じ、戦慄したものだ。

私は『春秋』をよく読んでいないので詳しいことは知らないが、有名な章句の一つに、「鄭伯《ていはく》、段《だん》に鄢《えん》に克《か》つ」がある。なんでもない短い一章句だが、これを読んで当時の諸侯は大いに畏怖の念を抱いたらしい。それには理由がある。

鄭の武公の妻の姜氏《きょうし》という女は、長嫡子の荘公を憎んで次子の段を愛し、ついに魯の隠公の元年夏五月に、この段を兄に背《そむ》かせて鄢京《えんきょう》に立てこもらせた。そこで荘公すなわち当時の鄭王であった兄が弟の段を討つことになったのだ。

兄に背いて起《た》った弟はもちろん悪いが、自分の不徳を省みず弟を討って自分の位置を守った兄の鄭伯もまた、実に人情をわきまえない悪者だという攻撃が、この短い一章句の中に込められていた。

見苦しいことばかりをし続けていた当時の諸侯たちは『春秋』のこの章句が、単に鄭伯をそしるためだけのことと思えず、自分らの行動を厳しく批評されたかのように感じ、震え上がったのだ。

井上侯は、怒りを他者にぶつける人

孔子は、弟子のうちで誰よりも顔回を最も多く賞めているが、これは顔回が不幸にして短命だったので、〝逃がした魚が大きく思える〟ように、なんとなく顔回がいちばん偉かったと感じた傾向もあったろうし、また実際、顔回は偉かったからでもある。

「公冶長篇」に顔回の語として出ている、「願わくは、善《ぜん》に伐《ほこ》ることなく、労《ろう》を施《うつ》すことなけん」などもよほど修養しないと、とても言える言葉ではない。

孔子が顔回を賞めたのは、顔回が修養に努めて、少しも向上の志を絶たなかったからである。

「雍也篇」で**「顔回なる者あり学を好む。怒りを遷《うつ》さず、過ちをふたたびせ**

ず」と言った孔子の言葉は、まさにこれを語っている。学を好んで修養向上を怠らないようにしてさえいれば、人は自然と顔回のように、怒りを関係ない他者にまで当たりちらすことがなくなり、過失を再び犯さないようにもなりうる。

怒りを他者にぶつけたり過失を繰り返したりする人は、つまり修養の足りない人で、これを称して「学を好まない人である」と言っても過言ではない。ただ単に書籍を読んで学問をし、頭脳がきれるというだけでは、部外者に怒りをぶつけない顔回になれるわけでない。

一例をあげれば、井上馨は学問もあり知識もあり、頭脳もよくきれた人だが、いたって怒りを関係ない人にまでぶつけたがる性分だった。いくら思慮分別のある人でも、これはまた別物だったとみえる。

井上は来客があったときに、取次ぎに出た女中が何か一つへまなまねでもすれば、なんの罪もない客にまで怒りをぶつけ、ガミガミあたり散らして不機嫌な様子を見せた。あれほど頭もよく書籍も読んでいた人でも、怒りをぶつけないということは至難の業《わざ》だったらしい。

これに反し、頭脳がそれほど明敏でもなく、学問があるわけでもなく、大した人物でもないのに、怒りを当たり散らすといった子どもじみたまねをしない人が、よく世間にいる。こんな人がみんな世に立って有用の人材となり、社会の進歩に貢献し、栄達を遂げていけるかと言うと、必ずしもそうでなく、怒りを他人にぶつけたり、何度も過ちを繰り返し犯すような人物でも、知恵があるために立身出世し、社会の進歩にも力を添えていける人がけっこう多い。

こうなると、人間にとってなによりも大事なものは知恵であって、他者に怒りをぶつけないとか、過ちを繰り返さないといった美徳は、実につまらないもののように見えないでもない。

しかしこれは、その一を知ってその二を知らない観察の仕方で、**知恵のある人が、さらに怒りを人に当たり散らさず、過ちを繰り返さない美徳を備えて**

いたら、どれほど世間から尊敬されるだろうか、と考えるべきだ。

また、**怒りを人に当たり散らして、同じ過ちを繰り返し、そのうえ知恵がなかったら、どれほどつまらない人物になり果ててしまうか**も想像してみるといい。必ず、思い当たることが多く、十分に推し測れるものがあろう。

怒りをぶつけないが、知恵のない人

私が今日まで接した人の中で、周囲に怒りを当たり散らさない人だと思ったのは、平岡準蔵と言って維新後静岡藩の勘定頭を務めていた人だ。

平岡はどんなことがあっても、他者に怒りをぶつけないどころか、まったく怒りを知らない人と言ってもいい。あれほどの人物だから、立派に出世すると思ったのだが、維新後は振るわず明治になってから不遇のうちに亡くなった。

私の家へは始終出入りしていた。平岡は格別すぐれた知恵があった人でもなかったので、思わしい出世ができなかったのだろう。こう考えると、やはり人間にとってなによりも大事なものは知恵であるように思えなくもない。

私がフランスから帰朝してすぐ静岡に行ったのは、同地に慶喜公がおられたので慶喜公のおそばで何かしてみたい、という気があったからだ。ところが突然、私を静岡藩の勘定組頭に任ずるという命が下った。これに対して私は非常に不満で大いに腹を立てたが、よく訊いてみると、平岡が「渋沢ならば適任だろう」と推薦した結果とわかった。少し経緯を説明しよう。

当時、平岡は静岡藩の勘定頭をしていたが、慶喜公が将軍になる前は平岡越中守と称して幕府の勘定奉行を務めていた。

慶喜公が徳川十五代の将軍となった際に、付人《つきびと》と称して一橋家の人で慶喜公に従って幕府に入った者がずいぶんいた。原市之進、梅沢孫太郎なども、そのとき一橋家から幕府へ移った人だ。当時幕府の人材は多く陸軍奉行の管下に統轄されたので、平岡も陸軍局に出仕し、歩兵頭に任ぜられたのである。

そのころ陸軍奉行の管轄は、歩兵とか砲兵とかそれぞれの部門に分かれ、各部に頭が置かれたが、各部の頭は大筋を握っているだけで、細かい事務は各頭の下に俗事掛という役目の者が取り仕切っていた。いわば俗事掛は今日の秘書官の役で、この俗事掛が「申《もう》し出《だし》」と称する現在の伝票のようなものを作製して勘定奉行に提出し、それで金銭を受け取ったりしたのである。

余談、静岡藩勘定組頭になったいきさつ

私も慶喜公に従って幕府に入ると、平岡付きとなり、歩兵頭の俗事掛を命ぜられた。維新前には幕府は京都の禁裏《きんり》に対して、所司代のほかに禁裏守護のためにいろいろな役を置いて京都を固めていた。そのうちに、武官のほうには禁裏付きというものがあって、京都へ派遣されていた。

この禁裏付き番頭《ばんがしら》に大沢源次郎という者がいて、謀反を企てているという噂が伝わってきた。謀反と言っても別に幕府へ弓を引くような大それたことでなく、薩摩の人間に幕府の悪口を言ったにすぎなかったのだが、「とにかくそれはけしからんことだから、すぐに大沢を召し捕えよう」となった。

しかし召し捕りには作法がある。かりそめにも禁裏付き番頭を務める士分の者を罪人扱いにし、有無を言わさず縄を打って引き立てるわけにもいかない。それなりの手続きをとって陸軍局へ連行しなければならない。もし抵抗したら、やむなく縄を打って引き立てるというのが当時の作法だった。

ところが陸軍局には、この大沢源次郎を恐れて、同道を申し渡す使者の役目を引き受けようという者が誰一人としていない。私はその頃、撃剣家で強いと評判になっていたものだから、とうとうこの役目が私のところへきた。当時私はまだ血気盛んだったので、潔くその役目を引き受けることにした。つまり、みなが臆病風に吹かれたので、この大役が私に回ってきたわけだ。

さて、いざ出発というとき、私は単身で出かけるつもりだったが、相手が名だたる勇士だから、もし私一人で行って間違いでもあったら取り返しがつかないと言って、私が断ったのに、近藤勇の新選組の者が四人、私の護衛として大沢の宅まで同道することになった。

当時その大沢源次郎は、紫野大徳寺内の一寺院を借りて住んでいたが、私が新選組の四人と連れ立って大沢の宿所に行く途中、私と四人との間に一論争が起こった。四人は私と一緒に門内に入り、私が申し渡しをする前に大沢を捕縛してしまおうと言う。

「相手は謀反を謀るほどの人物で武術にも優れているから、同道を求めると、すぐ渋沢にどんな暴行をするかわからない。万一にも渋沢の身に間違いでもあったら、護衛を命ぜられた四人の面目が立たない。それでは任務の手前困るから、有無を言わさず大沢を捕縛させてもらいたい。そのうえで渋沢から申し渡しをすれば危険がないから、ぜひそうさせてくれ」

というのが四人の主張だった。しかし、それでは私の役目の面目が立たなくなってしまうから、私は断固としてこの申し出をしりぞけた。

いやしくも武士に対して、なんの手続きもせずに捕縛するという法はない。護衛の連中が役目のうえの面目が立たなくて困るというなら、私だって役目の面目が立たず、やはり同様に困るではないかと、あくまで私は主張した。

四人の中の土方歳三という人が話がわかる人だったため、私の主張をもっともだと言って渋沢の言うとおりにしようとなった。

門前から見え隠れに護衛をするようにさせてくれと言うので、そこまでも拒むには及ぶまいとそのようにさせ、私だけで門内に入って名刺を出し、奉行から用務で来たから面会したいと申し入れると、大沢はさりげなく出てきた。私は厳粛な態度で、

「奉行においてお取り調べがあるから、即刻陸軍局まで出頭せられよ」

と申し渡し、門前に待たせていた四人を呼び入れて大沢を引き渡し、警衛のうえ陸軍局へ同道することにした。

このときの私の処置が当を得ていたので、胆がすわっているともてはやされたため、平岡準蔵は私が静岡へ行ったときに、当時のことを記憶していて、渋沢ならば胆もある男だから採用すべきだと、私を静岡藩の勘定組頭に推薦したのだった。

2 古今東西、共通の原則

"善も習慣化できる"——慣性である程度はいける

子曰く、回やその心、三月仁に違《たが》わず、その余《よ》はすなわち日に月に至るのみ（雍也）

孔子は、容易なことでは人が「仁」を成就したと認めず、たいていの人はまだ「仁」に到達していないとしていたが、顔回に対してだけは、「仁」の成就を認めた。この章句も、顔回の「仁」を賞めたものである。

この章句の意味は、孔子の弟子の中で顔回だけは、「仁」の心を三月の長い間、途切れることなく持続していけるが、その他の弟子たちは、やっと日に一度か月に一度かぐらい「仁」の心になれるにすぎないということだ。

ここで「三月」と孔子が言ったのは、必ずしも暦のうえの三か月、つまり九十日という日数を限定したわけではない。長い月日の間、顔回は継続して「仁」を体していけるが、他の弟子が「仁」を体するのは間歇《かんけつ》的なものだと戒めたまでだ。

昔から、人は悪い習慣には慣れやすいとされているが、人はまた善の習慣にも慣れやすく、善の習慣がつきさえすれば、ある限度までは、それでいつまでも善で通していけるものだ。

名前は忘れたが、面会した人がある。この人は現在キリスト教の牧師をしているが、十八歳のときにある女教師と通じてその女を殺害して以来、十八年間悪事の限りを尽くし、いくどとなく監獄にも入った。

ところが、いったん改心すると『回顧十八年』という本を出版し、現在牧師を務め神妙に生活している。つまり、善の習慣が品性についた結果だと思われる。

この人に二度目に会ったときに、その『回顧十八年』を贈られたので、私は「昔ならば、あなたはとても恐ろしい人で、このように平然と対談していられなかった……」と笑いながら言うと、相手も、

「いまはもうそんなことはないから、心配に及びません」

と笑いながら答えた。しかし、この人がはたして死ぬまで一生、その改心を貫徹していけるかどうかはまだ疑問だ。棺の蓋を覆ってからでなければ、本当のところはわからない。

しかし、性情は一生変わらない

人がもって生まれた性情は、容易なことでは変わらない。「雀百まで踊り忘れず」と言うように、人の性情は、生まれたときにもってきた傾向で一貫する。

しかし、人の性はもともと善で、ただ、途中から悪が入り込んでくるために悪人になってしまうだけだから、その途中から入ってきた悪が完全に抜ければ、再び元の善に還元して善人となり、更生して立派な牧師にだってなりうる。

だが、この途中から入ってきた悪が抜け切らないもので、いったん悪人になってしまった者が完全に善人になるのは、けっして容易ではない。

これが先の牧師さんに対しても、棺の蓋を覆ってからでないと本当のところはなんとも言えないと、私が考える理由である。

人のちょっとした性癖も、もって生まれたものだとなると容易に矯正できないもので、若いときに凝《こ》り性《しょう》だった人は、老年になってもやはり凝り性で、若いときにゆっくりした性分だった人は、年をとってもやはり悠長であり、若くてそそっかしかった人は、老人になってもそそっかしい。どうしても一生変わらない。

私は若い頃、物事に対して過激な性質で、一つのことをなんでも貫徹しようとする傾向があった。七十八歳にもなった今日では、私の性質もすっかり一変して、ものごとを急激に貫徹しようとする傾向は消え失せてしまったかのように見えるが、実はそうではない。若いときの性分は、依然としていまも残っている。私は昔ながらの渋沢栄一である。

ただ、年をとっただけに、社会の多くの変遷に遭遇し、種々の事情にも接しているので、事を遂げようとするに当たっても周囲の状況を考え、いくらその志があっても遂げられそうにないと思えば、時機が到来するまで待つので、いかにも急激な性情がないように見えるだけだ。思ったことをぜひとも貫徹しようとする傾向があるのは、昔もいまも変わらない。

自分一身について考えてみてもこうだから、人のもって生まれた性情は死ぬまで変わるものでなく、ある一定の傾向によって一生は一貫するものだと私は思う。

境遇や教育は、よく人の性情を一変させうると言うが、それは人の性情の中でも表面に属する部分だけのことで、根本から一変させるわけにはいかない。天賦の性情は死ぬまでその人について回る。境遇や教育によって変えていける部分は、性情の中でも後天的な部分だけである。

先天的な部分は、雀百まで踊りを忘れないように、いつまでたってもとうてい変わるものでないと私には思える。

その信ずる宗教が変わったり、職業に異動を生じたりしても、狭量だった人はやはり狭量、無慈悲である。ただ天賦の性情、すなわちその人に備わっている先天的傾向が、その人の宗教・教育・職業などの変化に応じて、外に表われるときの形式が変わるまでのことだ。

こう考えると、学者の説く遺伝というものは、けっして馬鹿にならない。親の欠点や長所はどうしても子に遺伝し、それが子の先天的性情となって表われてくる。この点は、人の親たるものが大いに心得ておかなければならない。

人間の生くべき道は古今東西不変のもの

維新頃にも、口だけ達者で実行のともなわなかった人は大勢いたが、昨今の青年たちを見るに、維新頃の人にくらべればおしなべて口が達者で、いろいろと理屈を言うのが上手くなったと思えてならない。私のように道徳の話でもしようとすれば、言葉巧みにこれを否定しようとする。

私は西洋の学問に通じていないから、ドイツの哲学者、オイケンやニーチェが何を主張しているのか、とんと不案内だが、仮にも一代の師となる学者が道に外れたことを説いて主張するはずがない。

ただ、青年たちがこうした学者の説を生かじりにしても、咀嚼《そしやく》できないので、道徳を無視することが最近の学説であるかのように誤まったことを信じているのだろう。私の子どもや私の家へ出入りする青年には、そんな暴論を主張して私を説き伏せようとする者はいないが、世間の若者の中には、道徳もへちまもあったものでないという暴論を吐くものが少なくない。

とくに進化論を楯にとって、人間も犬畜生も同じ行動でいいのだと主張をするにいたっては、まことに言語道断だ。

昔は、人間を他の動物とはまったく別の物として考えたので、『三字経』には、「天地人を三才とし日月星を三光とす」という句がある。つまり、人間は禽獣虫魚と根本から異なる天地の華だから、動物と同じみにくい行為をしてはいけない、と教えた。

しかし、進化論によれば、人間も起源を探ればやはり動物であり、母の胎内に宿ってからでさえ、八か月ぐらいまでは、まったく他の動物と同じだと言って、昆虫や豚と違わないかのように論じ、半獣的行為は人間当然の所業だと説いたりする。

私が洋学の知識さえ豊かならば、これを論破する論法を発見し、最近における西洋の学者の学説も、帰するところは結局「道」だと十分に説明できると言い切れるのだが、洋学の知識が乏しいために、進化論を誤解し西洋の学者の説を誤って受け売りする人々の説を、彼らが納得できるまで論破することができず、これを聞き流しにしているのは、すこぶる残念である。

しかし、私が彼らの論法を論破しえないにしても、「道」はけっして彼らの愚論によって滅ぼされてしまうものではない。「道」は一般の原則であり、古今を通じて誤らず、道理に反するものではない。これが道の道たるゆえんである。

ありがた迷惑といわれる人——行ないには志が大事

いかに口が達者で人を説き伏せることができても、行ないの修まらない人は、とうてい信用されない。大事を任されるのは、「弁舌の人」よりも「行動の人」だ。

しかし、世の中には、口も巧いが行ないも巧い人がいる。

たとえば、成田屋びいきのところへ行けば、しきりに団十郎を賞めて天下一品の役者であるかのように称揚《しょうよう》するが、音羽屋びいきのところへ行ったら反対に、しきりに菊五郎を賞め上げ、団十郎の芸は重くてだめだとけなす。こんな人は口が巧いだけでなく、行動も巧みで人に喜ばれもするが、その志は唾を吐くほどに劣等だと言わざるをえない。

だから「信ずべき人」と「信ずべからざる人」を区別するには、単にその口と行ないとだけによって判別するわけにはいかない。

さらに進んで、その人の「志」を洞察する必要がある。

かと言って、人は口や行ないがどうだろうが、その「志」が立派ならば、それでいいというものでもない。「志」は立派で他人に親切を尽くすつもりでも、その行ないが、もし志に沿っていないなら、親切が親切にならず、かえって仇になり、他人の妨害となるくらいならまだしも、ひどいときは他人に損害を与えさえする。

井上馨はいたって親切な人で、他人の面倒を見てやることを得意としていたが、元来が短気な性質なので、親切にしてやるかわりに他人をすべて自分の思い通りにしようとした。いわば井上は、親切の押し売りを得意とした人だ。

その結果、世間からはしばしば、「井上さんの親切はまことにかたじけないが、親切にしてもらえばもらうほど、かえって困る」などと怨みごとを言われたもので、井上の親切ぶりはいつでも〝ありがた迷惑〟に思われていた。

かつて孟子は、人が人の親切をありがたく思うのは、その親切な志よりも、親切な行為に対してであると説いた。

しかし、**いくら行ないが親切でも志がいやしかったら、人はけっしてありがたいとは感じない**ものだ。だから人は、行ないに「志」をともなわせ、「志」に行ないをともなわせるようにしなければならない。

3 人を用いる三方法

一部の才だけで採用することの末路

石田三成は幼少より非凡の才智があって、それが太閤秀吉の眼につき、重く用いられるにいたった人だ。

三成は近江国の生まれで観音寺という寺の小姓をしていた。

ある日秀吉が鷹狩りに行き、たいそう咽喉《のど》がかわいたので偶然その寺に立ち寄って一杯の茶を所望した。その際に茶を出した小姓が、まだ十三歳の三成だ。

その茶はなまぬるいもので、大きな茶碗に七、八分入っていた。秀吉はあまりにかわいていたので、それをぐっと一息に干し、もう一杯を所望した。すると今度はかなり熱い茶を半分ばかり茶碗に入れてきて秀吉に勧めた。

秀吉はこれをも飲み干して、さらに三杯目を所望に及ぶと、光成は、今度は熱い熱い茶を小さな茶碗に点じて持ってきた。いかにもよく人の気持ちを察した茶の勧め方だったから、秀吉はすっかり三成の才智に感心し、寺の住職に頼んで三成をもらい受け、自分の小姓にした。

はたせるかな、三成は眼から鼻に抜けるように敏捷で、秀吉の情をよく推察し、響きが声に応じるように見事に仕えた。以来重用されて十八万六千石の禄を受けるまでになる。

しかし結局のところ、三成が豊臣家の利益になったかどうかは疑問だ。むしろ、豊臣家の滅亡を早めたのは三成だったと言わざるをえない。

ある才能ばかりを見込んで人を重用すれば、一時はよくても末にはたいていこんな結末になるものだ。

しかし、その人のある特長を発見し、これに見込みをつけて重用し、好結果を得られる場合がないでもない。

これは中村敬宇先生の翻訳された『西国立志編』（『自助論』サミュエル・スマイルズ著　竹内均訳　三笠書房）で読んだものだ。

フランスの銀行家だったと記憶するが、ある青年が求職に来たのを断って帰そうとしたところ、その青年は帰りがけに留針が一本落ちているのに目をつけて拾った。あの様子ではきっと細かい気くばりができる者だろうと呼び返し、採用して使ってみると、思ったとおり綿密な人だったという例もある。

しかし、こんな例はすこぶるまれだ。やはり人を用いるには、『論語』「為政篇」にある孔子の教訓のとおり、その「もってするところ」を視《み》、その「よるところ」を観《み》、その「安んずるところ」を察し、**視・観・察**の三つを合わせて十分に選考したうえでなければ、安全だとは言えない。

加賀騒動と呼ばれる事件が、前田家六代の吉徳《よしのり》のときに起こっているが、その原因となったのは、吉徳が重用した小姓大槻伝蔵である。

ある日、火を運んできた者がこれをひっくり返したとき、伝蔵が当意即妙すぐさま自分の袖でその火をつまんで畳を焼くのを防いだ。それを見た吉徳は深くその機智に感心して重用し、国事を託すようになったという。

この大槻伝蔵は、主家を横領するほどになり、三成以上に、はなはだしい害を主家に及ぼした。とかく才を重んじて人を重く用いるとこんな悪い結果を生ずる。

人を見て法を説く

子曰く、中人以上にはもって上《かみ》を語るべきなり。中人以下には、もって上を語るべからざるなり（雍也）

この章句の意味は、「民は由《よ》らしむべし、知らしむべからず」という語句とほぼ同じだが、この「民は由らしむべし、知らしむべからず」の語の意味が、一般にははなはだしく誤解されているようだ。

「知らしむべからず」とは、もともと「けっして知らしてはならない」という禁止的な意味を含んでいたものではない。
「民は多人数ゆえ、とてもいちいち事理を説明して聞かせることはできないから、まあ頼らせるようにするよりほかに方法がない」というのが真意だろう。

この章句の「中人以下には、もって上を語るべからざるなり」というのも同じ意味で、ある学者の説のように、孔子が人間を上中下の三つのレベルに分けて、「中以下の者には中以上の者に語り聞かせることを聞かせてはならない」という禁止的性質を帯びた教訓をしたわけではなく、単に「教育のある者に聞かせるレベルのことを、無教育な者に説き聞かせても、労多くして効少ないから、何事も人を見て法を説くようにするのがよい」というくらいの意味にとればよかろう。

元来孔子は、「病気を診《み》てからこれに効く薬を与える」という主義だったから、こんな教訓をされたのだろう。人間の上中下は別として、感冒にかかった者に糖尿病の薬を飲ませたところでなんの効果もなく、かえって害になるだけだ。

同じように、ある流儀の者へ他流の話を語り聞かせたところで、けっしてわかるものではない。かえっていたずらに誤解を深めさせるだけである。

昔から大声は俚耳《りじ》（一般人の耳）に入らずという言葉があるが、難しいことのわかる頭のない者へは、難しい理屈を語り聞かせるよりも、「こうしなさい」と言ってそれを実行させるほうがはるかにマシだ。難しい理屈をとうとうと語り聞かせたところで、とてもわかるものではないからだ。

徳川慶喜公はなぜ真意を語らなかったか

徳川慶喜公が、鳥羽伏見で幕府軍が官軍を敵にして戦っている最中に、大坂から軍艦で江戸へ帰り上野の山内へこもって恭順の意を表明したのは、実に突然のことで幕府軍の者たちも驚かされた。だが、慶喜公はそのとき自分のとった態度について、その理由をくどくど説明しなかった。そのために幕府軍の者たちは慶喜公の真意を理解できず、その後もいろいろおだやかではない挙動に出た。

あのとき慶喜公が、恭順の態度をとるにいたった真意を一般幕府軍の者へ語らなかったのは、当時幕府軍の者たちに話してもとても理解されず、誤解を招くだけだと思われたからだろう。「中人以下には、もって上《かみ》を語るべからざるなり」と考えたせいではなかっただろう。

慶喜公は一種変わった心情の持ち主で、自分で自分を守るところをちゃんと守っておりさえすれば、世間がなんと言おうが、非難をしようが、いっさい頓着しなかった。これが恭順の真意を幕府軍の者たちへ打ち明けず、突然大坂から船で江戸へ戻り、上野にこもって恭順の意を表明するにいたった理由であろう。

慶喜公は世間がいかに誤解しても、知る人ぞ知るという態度に出る人だった。

私は思いのたけを言うが、相手によって加減しないと思わぬ結果を招く

私は、胸に思っていることはすべて、誰にでも言ってしまう質《たち》である。胸中にあることを言ってしまえば、私はいつでもいい気持ちになる。全部言わないと、奥歯に物がはさまっているようで、まことに気持ちが悪い。

私がこのように思ったままを打ち明けるので、世間では渋沢の長談義だとか、渋沢は愚痴を並べると評しているかもしれず、実際、愚痴のこともあるが、私は、思ったままを話すのをだいたいの方針にしており、話せたらとにかく気分がいい。

そうは言っても、多人数寄り集まっている場所で話す場合と、個人と膝をつき合わして話す場合では、自然と区別している。

多人数では、同じことを聞いても、わかる人とわからない人とが必ず出てくる。そんなときは、誰が聞いてもわかることだけを話す。それと、私が話せば第三者が迷惑をこうむる事情のあることは、やはり話さないよう配慮している。

また理論のあまり徹底しすぎたことは、そのまま他者に語れば、かえって智慮の乏しい者をまどわす場合もある。あまりに徹底した話を聞かせたために悪い結果を生じ、知らせないほうがよかったと後悔することがいまでもある。談話は相手を見て加減しなければならない。孔子はさすがに偉い人物で、同じ「仁」でもその相手次第で説き方をさまざまに変え、大きくもなり小さくもなっている。

4 誤解されないよう、うまくバランスをとりなさい

偉大なる平凡さゆえに理解されないこともある

子曰く、二三子《し》我《われ》をもって隠すとなすか。吾《われ》爾《なんじ》に隠すことなし。吾行なうとして二三子《し》とともにせざる者なし。これ丘《きゅう》なり（述而）

孔子がつねに弟子たちに語り教えたことは、深遠な学理ではなく、また哲理めいた神秘なものでもなく、ごく平凡で、ありふれた仁・義・忠・孝・礼・智・信の実践道徳だけだった。

とくに怪・力・乱・神について語ることをいっさい避けていたから、弟子の

中にはなんとなく物足りない思いをしている者もいた。

「孔子という一代の大教育者が、こんな浅薄なことしか知らないわけはない、もっと深く考えているのだろうが、われわれを未熟者と思って、高尚な教えを説いたところで理解できないだろうと、このように平凡な実践道徳だけ教え、深遠な学理や哲理は深く胸底に秘めて、われわれには聞かせてくれないのだろう」

こんな声が孔子の耳に入ったので、孔子はこの章句を述べたと思われる。

孔子自ら、**「吾行なうとして二三子とともにせざる者なし。これ丘なり」**と言明しているとおり、孔子の日常の言行には、少しも包み隠すとか神秘的にしておくことはなく、その平素がそのまま孔子の全体像だった。しかし、**孔子の言行はあまりにも平凡だったから、かえって弟子たちに理解されなかった**のだ。

西洋の学者だとか哲学者だとか称する人の中には、平易に説けばわかり切っていることを、無理に回りくどく難しい理屈にして説き教え、それで得意になっている者もいるようだが、孔子はけっしてそんな詐術《さじゅつ》めいたまねをせず、誰でも理解できるよう、平易なことを説いて聞かせた。

しかし、そのせいでなんとなくありがたみに欠ける気がして、弟子たちの中にはこうした不平をもらす者が出たのだろう。

あまりに現代ばなれした人間味のない哲理は、誰もすぐに理解できるものではないが、同時にまた、あまりに平凡すぎる言行もかえって世間一般から理解されないおそれがある。

まして孔子の言行は、つねに円満な常識を基礎とし、放漫なところがあるかと思えば引き締まったところがあり、引き締まっているかと思えば、放漫なところもあるという具合だから、凡俗の眼にはちょっと理解に苦しむ点がないでもない。

英雄よく英雄を知る

しかし、孔子の弟子の中でもさすがに顔回ほどの人物は、英雄よく英雄を知るとでも言うか、孔子の人物を完全に理解していたようだ。

『論語』「子罕《しかん》篇」にもあるように、自分の徳がなにかにつけて孔子に及ばない

点が多いことを思い、

「これを仰げばいよいよ高く、これを鑽《き》ればいよいよ堅し。これを瞻《み》るに、前に在り、忽焉《こつえん》として後《しりえ》に在り。夫子《ふうし》循々然《じゅんじゅんぜん》としてよく人を誘《いざな》う。我を博むるに文《ふみ》をもってし、我を約するに礼をもってす」

と嘆いている。

孔子は、実によく常識の発達した人で、少しもこだわるところなく、郷に入っては郷に従い、宗廟に参ると、ことごとにそばの人を顧みて礼法を質問し、弟子の子貢が毎月朔日《ついたち》に羊を犠牲にして捧げる礼を虚礼だからと言ってやめようとしたときに、

「賜《し》（子貢）や爾《なんじ》はその羊を愛《おし》むも、我はその礼を愛《おし》む」

と、しきりに礼を重んじたかと思えば、一方、家庭に入ったらのんびりとくつろぎもした。

厳なるがごとく、寛なるがごとく、ほとんど推測ができないところに、孔子の偉大なる平凡があった。

つまり、孟子も言っているとおり、弟子たちの多くが「道」を遠くに求めていたのに対して、孔子は反対にこれを近くに求め、いつでも黙って実行していたので、孔子はまるで「道」を隠して教えなかったように誤解されたのだ。

教養はあったが「行ない」が欠けていた頼山陽

子、四つをもって教う。文・行・忠・信（述而）

この章句は、孔子がつねに弟子たちに説いていた教育の大綱《たいこう》を示したものだ。孔子の教育方針が空理空論に流れず、実行を重んじるとともに、実行の動機となる精神にも重きを置き、同時にこれらを修飾する文事をもけっしておろそかにしてはならないことを説明したものだ。

ここで言う「文」は、「雍也篇《ようや》」の「質《しつ》、文《ぶん》に勝てばすなわち野《や》。文、質に勝てばすなわち史《し》。文、質彬々《ひんぴん》として、しかる後に君子」の語中にある「文」と同じ意味で、人生の修飾である礼儀作法、文雅のたしなみを指したものと思う。

ところが古今東西を問わず、この文・行・忠・信の四つを兼ね備えた人はなかなかいないもので、現代はもちろん、歴史上の人物にもあまり見当たらない。その中の一つか二つをもっている人はいくらでもいるが、四つすべてを兼備した人はめったにいない。


文雅のたしなみには、人品を高尚にする力があるもので、朝から晩まで帳場へ座り込み算盤を手から離さない人でも、俳句の一つも詠める人だとなれば、どこかに品のよい高尚なところがほの見えるものだ。

「文」の素養のない人は、同じ金もうけをするにも野卑なところを表わすが、「文」の素養のある人は、同じ金を儲けるにも、品よく儲ける。

世間には、頼山陽を文・行・忠・信の四つを兼ねた人だったと見る人もいるらしいが、どうもそんな人ではないらしい。山陽にはもちろん才があり、「文」もすぐれ、「忠・信」の精神も備えていただろうが、「行」の点はいささかあやしい。

山陽は幼少の頃から病身で、そのために肺病で死んだとさえ伝えられたほどだ。病身だったため母親からは非常に大切にされ、江戸勤番中の父春水《しゅんすい》のもとへ、芸州（広島）にいる母が送った手紙の中にも、山陽が病身なので困っている様子やら、健康にさせたい趣旨から、山陽の幼名を久太郎と改めた理由までも詳しく書いて報告したものがある。

山陽はそれほど母の世話になっていながら、母へ十分な孝養を尽くしたかどうかはやや疑問だ。父の春水が亡くなってからは、ずいぶん孝養を尽くしたらしいが、父の存命中はあまり母を大切にしなかったように思われる。

この点から見れば、山陽も「行」においては欠けるところがあったと言える。けっして「文・行・忠・信」の四つともそろっていた人ではない。

しかし、こんな山陽も文才にかけては天下の第一人者で、十八歳のとき芸州の母のもとを出発し江戸の父のもとへ上って行く途中、一の谷と湊川とを通過した際に詠んだという詩が『山陽詩鈔《ししょう》』に載っているが、実に堂々たるものだ。

その詩は、はたして山陽が一の谷や湊川を通った際に、たちどころに詠んだものか、あるいは翌日になってから詠んだものか、はたまた時日を経過してから後にやっと完成したものか――そこまでは明らかでないが、なにしろ十九歳の青年が詠んだ詩とは思えないほどの傑作なのだ。

それから、『日本外史』や『日本政記』にある山陽の史論は、北畠親房《きたばたけちかふさ》の『神皇正統記《じんのうしょうとうき》』やら、新井白石の『讀史餘論《とくしよろん》』などにある論議を漢文に意訳したところが多く、必ずしも頼山陽の独創だとは言えないが、時勢に対処する道を知るためには、歴史の研究をおろそかにしてはならないという一見識を立て、歴史の必要性に着眼したところは山陽の驚くべき卓見だったと言わねばならない。

こんな山陽でも「文・行・忠・信」の四つを兼ね備えられなかったが、伊藤博文はたいへん忠義の心の篤い人物で、信義を重んじ、文事の素養も深かった。にもかかわらず、ある方面の行ないでは欠けるところが多く、やはり文・行・忠・信の四つがそろった人と言えない。大隈重信も、四つのそろった人ではない。

菅原道真と司馬温公

歴史上の人物に例をとると、わが国では菅原道真、中国では司馬温公《しばおんこう》（司馬光）などが四つともそろった人だろうか。もしかすると水戸黄門も、四つがそろった人だったかもしれない。

文の素養は人の品をよくするものだが、どうしたものか、文学者と称する人が、まったく文事の素養のない者よりも下品に遊惰《ゆうだ》放逸に流れ、わがまま勝手な生活をして得意げにしている。これは近来の文学者が、自己を主張する西洋の文学を誤解し、他者がいかに迷惑しても自分さえよければいいと思ってしまったからだ。

しかし、自分さえよければいいという気では、結局、自分も立っていけなくなる。人はいつでも、他人のために動こうという気になっていてこそ、はじめて自分を全うしうるもので、利己一点ばりの人間を助けて繁栄させてくれるはずはない。今の青年がそこに気づかず、わがまま勝手をすれば偉くなれると思っているのは、とんでもない心得違いである。

聖人とは？　善人とは？

子曰く、聖人は吾《われ》得てこれを見ず、君子者《くんししゃ》を見ることを得れば、これ可なり。子曰く、善人は吾得てこれを見ず。恒《つね》ある者を見ることを得ればこれ可なり。亡《な》くして有りとなし、虚《むな》しくして盈《み》てりとなし、約にして泰となす。難きかな恒あること（述而）

ここにある「聖人」と「善人」は、ともに積極的人物を指し、単に悪事を働かない人や、善良な人という意味ではない。

「聖人」は、「雍也篇」にあるように、〝広く民に施して衆を済《すく》うことができる人物〟で、ただ自ら謹厳さを保つだけでなく、天下国家のために公益事業を営み、民衆を導く大責任を負って起《た》つくらいに才徳に優れた一代の師を指している。

ところが、どの時代にもそんな人物は見当たらないので、孔子は深くそれを嘆いた。そんなにも「聖人」と呼べる人物がいないなら、せめて才徳が充実しただけの君子でもいいから、めぐり遭いたいものだと言った。それでも、ただ才徳が備わって自ら謹厳さを保っているだけの人さえも、現代では容易に見つからない。

「善人」とは、自ら清廉さを保ち、他人に迷惑をかけないうえに、「仁」に志して「仁」を施す人を指したものだが、そんなに積極的に善行を積むほどの善人は世の中にはいたって少ない。孔子はこれを深く嘆いて、それならせめて「恒心《こうしん》ある人物」を得たいものだと言ったのだ。

では、「恒心ある人物」とは、どんな人か？　それは何事をなすにも、すべて筋道の立つことだけをする人のことで、筋の立たないことなら、それがどんなに金儲けになることでも断じて行なわない人だ。

人は極端に走ると盲目的になってしまって筋の立たないことでもやるようにな

ってしまう。だから何事をなすにも、つねに両極端を保持し、一方の極端に走らないよう心がける人でなければ、けっして「恒の心」で世の中を渡っていけない。

自分自身が、つまり、あなたが神で仏

子の疾《やまい》、病《へい》なり。子路禱《いの》らんことを請う。子曰く、これ有りやと。子路対《こた》えて曰く、これ有り。誄《るい》に曰く、爾《なんじ》を上下《しょうか》の神祇《じんぎ》に禱ると。子曰く、丘《きゅう》の禱ること久し（述而）

これは、孔子が病気で危篤になったとき、弟子の子路は病気を恢復《かいふく》させたい一念から、平癒の祈禱をさせてくださいと、孔子にお願いしたシーンである。

孔子は心ひそかに祈禱をすることの無益さをわかっていたが、弟子がせっかく親切で言ってくれるのを無下に断りにくかったと見え、「はたして祈禱が『道』にかなったものかどうか？」と反問したのだ。すると子路は古い資料を引用して、

「病気の平癒を神に祈るのは昔からよくある例です」

と答えた。これに対して孔子は、

「病気が危篤になったからと言って、いまさら急に祈るにも及ぶまい。自分は日頃、絶えず神に祈っていたのだ」

と言ったというのが、この章句の意味である。

禅宗の僧侶は、「日常これ座禅である」と教えると聞いているが、ふだん勝手気ままなまねばかりして遊び暮らしていながら、病気が危篤になったからと、急に神仏に祈ってみたところで、神仏がその祈願を聞き届けてくれるはずはない。

人間の一生とは、言葉は、つまり祈禱であり、行為は、つまり座禅でなければならない。祈禱とは、言い換えれば天道にそって人道を踏んでいくことである。これが言い換えれば「座禅」でもあるのだ。

この意味において、孔子は、日々天道にそって発言し行動していたから、こと

さらに声をあげて「助けてくれ」と祈らなくても、

「自分は日頃、絶えず祈っている」

と言うことができたのだ。だから『論語』「八佾篇《はちいつ》」でも、「罪を天に獲《う》れば、禱《いの》るところなし」と言っているのだ。日々の言行が天道に背き、人道に背くようでは、けっして天助をいただくわけにはいかない。

こんなわけで私は、「丘の禱ること久し」の句を、天地に対して自ら省みてやましくない、という意味に解釈したいのである。

そもそも神仏が人格人性を備えて、宇宙のどこかにいるように考えるのは、私には間違っていると思われてならない。私は、**神も仏もみな自分の中に在る**もので、自分が神であり仏であると思う。仏教で言う即身即仏である。

倹約家のよい見本

子曰く、奢《おご》ればすなわち不遜。倹《けん》なればすなわち固《こ》。その不遜ならんよりや、むしろ固なれ（述而）

とかく、おごりたかぶれば贅沢に流れて傲岸不遜に陥りやすく、世間から反感をもたれ、かと言って極端に倹約するようでも、往々にして頑固に陥り、野卑なしみったれになり下がって世間の非難を受ける。

しかし、どちらかと言えば、おごりたかぶって不遜に陥るよりは、倹約にかたよって頑固のそしりを受けるほうがマシだろう。

孔子は極端に走ることをひどく嫌い、「雍也篇《ようや》」では「**質《しつ》、文《ぶん》に勝てばすなわち野《や》。文、質に勝てばすなわち史《し》。文質彬々《ぶんしつひんぴん》として、しかる後に君子**」と言っている。

この章句の「奢ればすなわち不遜。倹なればすなわち固」も、意味は「文質彬々（外面も内面もともにすぐれていて、バランスよく調和しているさま。洗練された教養があり、かつ、飾り気のない品格のある風貌であること）」の章句と少しも違わず、極端に走ることを戒め、あまり贅沢になってもよくないが、あまり倹約に走ってもよくないから、人はその中庸を保たなければならないと教えたのだ。

ところが実際には、贅沢に流れず吝嗇《りんしょく》にもなるまいとするのは、たいへん難しいことを孔子も十分承知していたので、贅沢になるよりはむしろケチになったほうがマシだと教えたのである。贅沢とは、無益なことに浪費をすることで、吝《りん》嗇《しょく》とは、支出すべきところにも惜しんで支出しないこと。

無益なことにはいっさい浪費せず、支出すべきところには喜んで支出するのが、「奢《おごり》にも流れず倹の弊にも陥らない中庸の道」である。しかし、倹約と吝嗇を区別するのはなかなか困難だ。

中国の昔、舜《しゅん》に登用されて治水開拓の事業を大成し、舜の死後、王位に即いた禹《う》は、すこぶる倹素な人だったようだ。『史記』の「夏本紀《かほんき》」には禹のことを、「衣食薄くし孝を鬼神に致し、宮室《きゅうしつ》を卑《ひく》くして費を溝減《こうきょく》に致し、……食を少なく調《ととの》えて余りあれば相給し、もって諸侯に均す」

と書いてある。

孔子もまた「泰伯篇」で、禹が倹素であったことを称揚し、

「禹は吾《われ》、間然《かんぜん》することなし。飲食を薄くしてしかして孝を鬼神に致し、衣服を悪《あ》しうしてしかして美を黻冕《ふつべん》に致し、宮室を卑《いや》しうしてしかして力を溝洫《こうきょく》に尽くす。禹は吾、間然することなし」

と言っているほどだ。

この禹のように衣食住の無益な費用を省いて、これを殖産興業や人情の美を発揚するために費やすのが、真の倹約というものだ。及ばずながら私も、衣食住はできるかぎり倹約し、余裕があれば公益のために費やすよう心がけている。

5 この志をもつ人は〝本物〟

どこに本当の楽しみを覚えるか

子曰く、知者は水を楽しみ、仁者は山を楽しむ。
知者は動き、仁者は静かなり。知者は楽しみ、仁者は寿《いのちなが》し（雍也）

この章句は、孔子が「仁者」と「知者」の特色をそれぞれ挙げて説いたものだ。「知者」は必ず、つねに動いて水を楽しむもので、「仁者」は必ずつねに静かにして山を楽しむものだという語句の末梢《まっしょう》にばかりこだわると、孔子の真意がわからなくなってしまうおそれがある。

「知者」だからと言って動いてばかりいることはなく、真の知者には、動中おのずから静があるものだ。ただ、はたからこれを見て批評すれば、

「あの男は沈厚なところはないが、機敏だから知者だろう」

「この男は何をさせてものろいが、沈厚なところがあるから仁者だろう」

となってしまい、「仁者」と「知者」との区別が目に見えるだけのものとなる。

人には、生まれついて「知者」と「仁者」との別があるのではない。

理想を言えば、絶えず動いてばかりで水だけを楽しむ知者となってもいけないし、また、絶えず静かにしてばかりで山だけを楽しむ仁者になってもいけない。沈厚にして機敏、機敏にして沈厚、静と動とをよく兼ね、水も山もともに合わせ楽しむ者とならなければならないが、私のような薄徳の者は、とうてい一身で静と動とを兼ね、山と水とを合わせ楽しむまでにはいたれない。しかし、とにかく私は、山よりも水を楽しむなどというようにどちらか一方にかたよらず、どちらも合わせ楽しむ主義にしている。

もともと私には、山に遊びたいとか、水に遊びたいという、山水に対する執着心がない。山もけっこう水もけっこうだが、どちらも私にとって大した楽しみではない。私が真に楽しく感じるのは、『論語』の話をするとか、養育院などの公共事業のために奔走するときである。

私もときには避暑とか避寒に出かけるが、けっして楽しいから行くのではなく、ちょっと涼みに出かけるか、ストーブに当たるぐらいのつもりで出かける。

どこそこの景色がひどく気に入ったといって、始終そこに遊びに出かけるようなことはしない。私は今日まで遊んで暮らしたことはほとんどないつもりだが、いくら老齢になったからと言って、遊んで楽しむようなことは、今後も絶対にしない覚悟である。私はあくまでも享楽主義を排斥する。

道徳と経済が一致した楽翁公

私でも、美しい風景を見れば素直に美しいと思う。瀬戸内海の景色だとか、耶《や》馬渓《ばけい》の風光、備後鞆《とも》ノ浦の仙酔島《せんすいじま》の景色、三保の松原の景色なども、ずいぶん美しいとは思う。だが、どうもこれらの景色は小さくて、コセコセしているように感じられ、これらよりは、むしろ薩埵《さった》峠から富士山を望む景色のほうが、私ははるかに好きだ。

これまで接した景色のうちで私が最もその雄大さに打たれたのは、北海道の石狩と十勝との境界にある狩勝《かりかち》山から見下ろした十勝平原の風光だ。

実に雄大でちょっと見ただけではアメリカ大陸にある風景のようで、日本とは思えないほどだ。

しかし、そんな絶景を見るよりも、さらに私が楽しく感じるのは、慈善事業などのために尽くすことだ。現に六月八日（大正六年）にも東京市養育院の安房分院落成式に臨み北条で一泊してきたが、なかなか楽しかった。この分院は北条の近くの船形（千葉県館山市）というところに今回新築されたものだ。

先年来、養育院に収容した児童の中で、体の弱い者を同地で静養させたところ、同地の気候が病児の健康をたいへんよく増進する効果があるとわかったので、分院を同地に新設し、養育院に来る体の弱い児童はみなここに収容することにした。

東京市養育院は、白河楽翁（松平定信）公が積み立てておかれた、七分金というお金を基礎にして開設することになったものだから、同院では毎年楽翁公の命日に祭典を行なうことにしていた。安房の分院でも落成式に私が臨席したついでに、当日は楽翁公の祥月命日である五月十三日がすでに過ぎていたが、公のために祭典を挙行した。

楽翁公は、徳川時代の学問をした人に珍しく、道徳と経済の一致を心がけ、実行した人だ。とかく昔の漢学者は、学問ができて人物が堅実でも物質上の知識に乏しく、経済のことなどは考えなかった。

秀吉は、経済の知識はあったが道徳観念の乏しかった人で、経済と道徳が一致した人は封建時代には、はなはだまれであった。ただ、徳川家康だけは経済の知識もあり、道徳観念が正確だったが、家康でさえ秀吉の没後大坂方に対してとった処置は、あまり公明正大とはいえない道徳的ではないところがある。

しかし、この楽翁公こそは徹頭徹尾、経済と道徳とを一致させて、これを実行した人物である。

楽翁公の志の花の咲かせ方

徳川幕府の天下も、三代将軍家光までは実によく治まっていたが、五代将軍綱吉の代になり、柳沢吉保《やなぎさわよしやす》が登場して乱れかけてきたところを、八代将軍の吉宗が明君だったから、かの享保《きょうほう》の大改革を断行し、ようやく五代将軍以来の悪政を一掃した。

まずこれで一安心と思っていたところへ、また十代将軍家治の代になって、田沼意次《おきつぐ》が現われて政治を牛耳り専横をきわめたので、幕府の親藩の御三家で評議のうえ、水戸の治保《はるもり》（文公）の推挙で、松平定信（楽翁公）が奥州白河の小藩主でありながら、田沼の罷免のあとに登場し、幕府の老中となって改革に着手した。

時に天明六年八月――その翌年六月には老中首座となり、自分の妻子の身命までも天地神明にささげ、ひそかに吉祥院の歓喜天に起誓文を奉納し幕府の弊政改革に当たるべく決心した。

さて実際に当たってみると、思うように政治改革が実行できず、次の十一代将軍家斉《いえなり》が多才の人だったので、寛政五年にはついに引退させられてしまった。

楽翁公の引退とともに、さきに罷免になった水野出羽守が寛政九年に再び出仕し老中筆頭となったが、この水野は田沼の腹心で驕奢《きょうしゃ》にふけった人だというから、楽翁公はさだめし徳川幕府の行く末を思って、寒心に耐えなかったことだろう。

楽翁公は幼年より非凡の才を表わした人で、六歳ですでに詩をつくり、十二歳の頃には、『自教鑑』と題する修身と学問上の書を著しているほどだが、若いうちはなかなか短気で、かつては殿中で田沼を刺そうとしたこともあったほどだ。


しかし天明七年三十歳で、田沼の横暴を制するには、楽翁公以外にその人なし、という見地から老中にあげられた頃には、若い時代の短気は失せて、智慮もすこぶる周到になっていたと思われる。そして道徳と経済の一致に全力を注いだが、七分金の積み立ても道徳と経済の一致の趣旨から実行した。

この七分金というのは楽翁公が町方《まちかた》を説得して倹約させ、それで残した金額の中から三分を割いて町費の補助と担当者の賞与とにあて、残額七分を積立金にして利殖させておいた金である。

維新後は東京市の共有金として引き継がれ、明治七年、大久保一翁が東京府知事であった時代に、私がその七分金の支配方に任命されたのだ。金額ははじめ百万円以上もあったのだが、その中から市内の道路・橋梁などの改修に支出したりして、私がその支配を命じられたときには五十万円ほどに減っていた。

しかし現金にしておくと、なんだかんだと口実をもうけて市が使ってしまい、楽翁公のせっかくの志もむなしくなるだろうと思ったので、私は何人かの人と協議して、その残金約五十万円の積立金で土地を買ったのだが、後日、この土地を売り払って六、七十万円を得たように記憶する。

明治五年、上野で東京市内にある生活困窮者を集めて救助したときに、はじめてこの七分金を使ったが、それが今日の東京市養育院（東京都健康長寿医療センター）の起源となっている。

第六章

今ある幸運を倍増し、永続させる

1 永続することが大切

■幕府が倒れるのは当然

子曰く、斉《せい》一変せば魯《ろ》に至らん。魯一変せば道に至らん（雍也）

昔から「沙弥《しゃみ》から長老にはなれぬ」（少年僧がいきなり僧正にはなれない）という諺《ことわざ》があるが、この章句は、そのような意味を孔子が語ったもので、世間では何事にも順序があると教えたものである。

また、どんな国でも、どんな人間でも、進歩向上を怠りさえしなければ、必ず道にかなう国にもなり、人間にもなりうることを教えた訓戒でもある。

孔子の時代、斉は強い国だったが、一般に功利主義が盛んで、礼楽風教（文化道徳）よりも功利を優先する傾向があった。

一方、魯の国は当時、弱国だったが、礼楽（礼節と音楽）を貴び信義を重んずる国だった。

このように斉と魯との間に国風の相違があるが、斉が政治の改善を断行し、善政をしけば魯のような国になることもけっして難しくはない。また、魯がさらに奮起して先王の遺法を起こして法制を修め整えれば、さらに理想の国家となるのも難しくないというのが、この章句の意味である。

孔子が説くように、「斉が一変すれば魯のレベルに向上し、魯が一変すれば道をきわめた国になる」というのが、世の中における物事の推移変遷する順序で、斉から一足飛びに「道」をきわめた国になるのは至難の業である。

しかし、これはあくまで一般論であり、ある機運に遭遇すれば、必ずしも順序正しく一歩一歩進まなくても、一足飛びに斉から一変して、すぐさま「道」をきわめた国に到達することもけっしてないわけではない。むしろ、そんな例は歴史上でも個人の事業のうえでもいくらでもある。

世界大戦前まで借金で首が回らなかった人が、大戦という千載一遇の好機運をつかみ、〝〇〇成金になった〟などというのも、行き方は少し違うけれども、やはり斉から一変して、すぐさま「道」をきわめた国に到達したようなもので、小僧が一足飛びに長老になったようなものだ。

明治維新の大改革も、どちらかと言えば斉が一変して魯を通り越し、いきなり「道」をきわめた国に到達したようなものである。

古来のわが国の歴史を考えると、わが国体は天朝を軽視する者が政権を握っているときに、他方から天朝をいただいて天下に号令し、その政権を倒そうとする者が現われて争うと、必ず前者が倒され、後者の勝利となることになっている。

したがって、幕末時代に幕府が天朝を尊重せずに勅令を曲げ、「皇室の安泰は徳川幕府が天下の政権を握って平安を図ることだ、天朝から指図を受けるべき筋合いではない」などと皇室の尊厳を無視して不忠の態度に出ることは、歴史の流れに逆らう。薩州なり長州なり、とにかく皇室を崇拝し、これをいただいて幕府に敵対し、天下に号令する者が現われれば、日本の国体の歴史上、徳川幕府が倒れるのは当然である。

君子を欺くのが簡単な理由

宰我《さいが》問うて曰く、仁者はこれに告げて井《せい》に仁《じん》ありというといえども、それこれに従わんや。子曰く、何《なん》すれぞそれ然《しか》らんや。君子は逝《ゆ》かしむべし、陥《おとしい》るべからざるなり。欺《あざむ》くべし、罔《し》うべからざるなり　（雍也）

この章句は、「仁者というものは、『井戸の中へ人が落ちた』と人が告げに来たときに、すぐに応じて井戸の中へ下りていって、その人を引き揚げようとするものだろうか」という弟子の宰我の質問に対して、孔子が答えたものだ。

孔子の答えの趣意は、

「いかに君子であって仁を施すことを自分の職分としている人でも、井戸の中へ入って溺れた人間と一緒になってアップアップしたのでは、とてもその人を救い出せないとわかっているから、『井戸へ落ちた人がある』と知らされれば、これを救うために井戸のそばまで行って綱を下ろしてやるようなことはしても、無駄を知りつつわざわざ井戸の中へ入っていくような馬鹿なまねはしないものだ、つまり、君子は道理に従って動くのが原則だから、『道』をもってさえすれば、欺かれることはあったとしても、無道理なことを押しつけてそれを行なわせることはできない」

ということである。これが「逝かしむべし、陥るべからざるなり。欺くべし、罔うべからざるなり」の意味である。

「むかし生魚を鄭の子産《しさん》に饋《おく》るものあり。子産校人をしてこれを池に畜《か》わしむ。校人これを烹て反命して曰く、始めこれを舍《はな》つや、圉々焉《ぎょぎょえん》たり。しばらくありてすなわち洋々焉《ようようえん》たり、悠然としてゆく。子産曰く、そのところを得たるかな、そのところを得たるかな」

これは『孟子』「万章《ばんしょう》　上篇」の章句である。

「校人」とは池や沼の管理をする小役人のことで、子産は君子人だったたから、よそから贈られた生きた魚を池へ放しておくように池役人に命じた。ところが、その池役人は、魚を煮て食ってしまっておきながら、うまくそれを隠し、嘘八百を並べ立て、魚を池に放したときの様子がいかにも目に見えるかのように、「圉々焉」だとか、「洋々焉」「悠然」（喜んで、ゆったりと泳いでいった）だとか、巧みな形容詞を使って子産をだましにかかった。

子産はすっかりだまされて、魚は池に生きているものとばかり思っていたという話を、孟子が引用したのである。

君子はすべて正直で猜疑《さいぎ》心なく、人を見ればすぐこれを泥棒と思うことはないから、巧みな方法を使えば、この子産のように容易にあざむくことができる。

"中庸"は千変万化――自由自在に対応できる

『論語』は孔子の語録の中でも、実際の生活に触れた教訓ばかりを集めてある。なかには、孔子の高弟の十哲や准十哲の言葉も多少は載録されているが、これらを含め、すべて生きた世間に対する処世術として応用できるので、臨機応変、千変万化――一つひとつ実際問題に臨んだときの解決訓になる。しかも少しも固苦しいところがないので、十二分に余裕をもって対応できる。

たとえば、弟子たちが盛んに大言壮語するのを耳にしても、すべてこれを軽く受け流して、「莫春《ぼしゅん》には春服《しゅんぷく》すでに成り……」と、点という弟子が恥ずかしそうに言い出した言葉をとらえて、これに賛意を表わしたり、また「子路篇」において、「父は子のために隠し、子は父のために隠す。直《なお》きことその中《うち》に在り」と言っているところはまったくの常識的判断で、処世上、最高の実施の教訓だ。

このように千変万化、機に臨み変に応じ、いくらでも形の変わっていくのが、これすなわち中庸の徳である。冒頭の章句こそ、この千変万化、自由自在な中庸の徳を孔子が説いた教えで、四書の一つである『中庸』の書とは直接関係はない。

孔子が「中庸」の徳を称揚して、完全無欠、「それ至れるかな」と言ったのは、何事においても「中庸」を保っておりさえすれば、けっして過失の起こる心配がないからである。

しかし、孔子もこの章句の末尾で言っているように、「民久しきこと鮮《すくな》し」で、実際、ながく「中庸」を守って実行しうる人はいたって世間に少ない。

無口でなければしゃべりすぎ、しゃべらないとなれば今度は無口すぎ、他人を責めすぎるくせの人、怒りやすく激しやすい人、反対にあまり他人に寛容なため、かえってその悪を助長する傾向のある人、こんなふうに、一方にかたよる人が多い。これがまた一般人の通有性《つうゆうせい》（共通点）だと言ってもいい。
しかし「中庸」の徳は臨機応変、千変万化、その時その所、その事情のいかなるケースにも対応し、最も適した道をとっていくことができる。それが「中庸」で、そこに「中庸」の徳があるのだ。

「仁者」は他者を引き立てる

「よく近く譬《たと》えを取る」とは、「仁者は何事においても、人に対する際に、わが身に引きくらべて考えるものだ」という意味で、真に仁者の志ある者は、みずから立とうとする前に、まず他者を引き立てることに骨を折り、いろいろと力を尽くすものだ。

世の中は、まず他者を立てなければ、けっして自分が立っていくことはできない。

維新の元勲で、よく部下を引き立てた人は木戸孝允だが、山縣有朋も、他人を引き立てることにひとかたならない骨を折った。現に清浦奎吾《きようらけいご》（元首相）の今日あるのは、もちろん本人が偉かったからでもあるが、山縣の引き立てによるところも、すこぶる大きかったように思われる。

大久保利通もよく他人を引き立てたが、伊藤博文があれほどになったのも、すべて大久保の引き立てによったものだ。

しかし、大久保ははじめから伊藤の人物を見抜いて引き立てたのではない。はじめのうちは伊藤もひどく大久保に嫌われた。伊藤はなんでも物をよく知っているが、そわそわして落ち着きがなく、どちらかと言えば軽薄なほうだと大久保に嫌われたのだが、ひとたび伊藤の真価を知ると、彼をとことん引き立て、ついに明治年間の大立物にした。

このように、昔からの偉い人は、みなよく人を引き立てている。そうでなければ、とても自分も偉くなれるものでない。

2 孔子の本当のすごさ

孔子の説はけっして「奇」ではない

子曰く、述べて作らず、信じて古《いにし》えを好む。ひそかに我が老彭《ろうほう》に比す　（述而）

この章句は、孔子が**「けっして自分で奇を好み、物好きで世間と変わった説を述べるのではない。ただ万古不易《ばんこふえき》**（永久不変）、**中外に施して悖《もと》らざる**（背かない）**天下の大道を述べるにすぎない」**という意味を表わしたものだ。

老彭《ろうほう》がどんな人だったかは、いま明らかにすることはできないが、商の国の家老を務め、賢大夫の称を得たしごく穏当な人であることだけはたしかで、昔の聖人の道によって治国平天下を心がけた人だったらしい。

孔子の時代にも、世間にはこの老彭を賞める声があったので、孔子は、「自分としても別に変わった新しい説を唱導しているのではない、自ら心ひそかに老彭に比し、先王の道を祖述《そじゅつ》（先人の説を受け継ぎ学問を進め述べる）するのみのものだ」

と言ったのが、この章句の意味だ。

しかし、孔子がなぜ突如としてこんなことを言ったのか、それには必ずや周囲の事情があると思うが、この事情をつまびらかにできれば、いっそうこの章句の趣旨を明確にできるだろう。それにつけても、孔子一代の年譜を編成しておいて、孔子の記録をこれに当てはめて研究したいものだ。

同じく古人の説を祖述するにしても、心よりこれを祖述するのと、ただ古人の説であるからと言って、形式的に祖述するのとの二種類がある。

孔子は単に先王の道を形式的に唱導したのではない。真に先王の道によらなければ世の中が治まっていかず、治国平天下を得られないと信じて唱導したのだ。

この信念を基礎とした言論だから孔子の言葉のうちには莫大な力がこもり、二千五百年後の今日までも、なお読むものを感憤《かんぷん》させる。

つまり先王の道を自分の道にして伝えたのが孔子である。いたずらに新奇の説を唱導することで名を売ろうと汲々《きゅうきゅう》としている青年は、これを大いに手本にすべきだろう。

「道」はけっして二つはないものだ（真理は一つだ）。先王の道とか、孔子の道とか、古い道とか、新しい道とか、そのような別があろうはずがない。

かと言って、この章句によって孔子を保守的な人物と思ったら、それはとんでもない料簡《りょうけん》違いである。孔子はけっして守旧家ではなかった。

『論語』「為政篇」でも、**「故《ふる》きを温《たず》ねて新しきを知る。もって師となるべし**

か」と教えたり、また「学而篇」で、弟子の子貢が古い詩経の句を引用して孔子の教訓を説明するところを耳にすると、孔子は子貢をひどく賞めて、**「これに往《おう》を告げて来《らい》を知る者なり」**と言ったほどで、**過去の古いことにかんがみて、将来、すなわち新しい時勢に処していこう**というのが孔子の精神である。

だからこそ、この章句の中にある「述」という文字も、単に古人の言をあげるというだけの意義のものでなく、古人がその端をつくっておいた「法《のり》」（法則）の不足したところを補い、未完成なところを完成させるという意味である。

孔子は謙遜ばかりしていたわけではない

「述《の》べて作《つく》らず」という言葉を聞けば、孔子はいかにも恭謙の徳に富んだ謙遜の人であるように考えられる。また実際に謙遜の人であった。それから、この「述べて作らず」という言葉のうちには、孔子が常識を重んじた人だったことも表われている。

常識とは、古くから行なってきたことを変えず、万事これにのっとってやっていくことにほかならない。そして、一にも常識、二にも常識、三にも……と、常識ばかりを尊重して、先例にだけ拘泥してしまえば、少しも毅然としたところのない、大勢に迎合する弱い意気地なしの人間となり、大事が目前に突発したときに、誤らないで処することのできる、しっかりした人間になれなくなる。

だから常識は、欠かせないものではあるが、やはり過ぎたるは及ばざるがごとしで、かえって人を害するのだ。

ここにいたれば孔子はさすがに偉く、「述べて作らず」と、すこぶる常識に富んでいるにもかかわらず、他の一方においては、**「桓魋《かんたい》それわれをいかんせん」**(天が私に世を救い、道を行うための徳を授けている。そんな徳や使命のある私を、軍人の桓魋ごときがどうすることができるだろう。いや、なにもできはしない)とか、「匡人《きょうじん》それわれをいかんせん」(私がここで匡人に殺されるはずがない)といった驚くほど自信に満ちた発言をしている。

この自信なくして、ただ常識に富んでいるだけでは、人間が軽薄でふらふらしたものになってしまう。

孔子が自らひそかに老彭《ろうほう》に比しているように、私は心ひそかに誰に比しているのかと問われれば、「わが孔子に比す」と言いたいが、それは単に私の理想だけのことで、とうてい及ばないうえに、世間がとても承知してくれまい。

しかし、私の理想はどこまでも孔子のように、常識を重んじて世に処するとともに、自らを信じて恐れない、確固たる信念のある人間になることにある。

中国の人では、孔子を除けば諸葛孔明《しょかつこうめい》が好きだ。孔明は常識が発達していると同時に、不動の信念の持ち主だったと思われる。

孔明に次いで好きな人物は、司馬温公《しばおんこう》だ。司馬温公は、幼少の頃、水瓶の中へ落ちた友人を、石で瓶を打ち破って救ったという逸話があるように、すこぶる常識に富んだ人で、正直無比、毅然として曲がったところのなかった人である。

3 成功してから気をつけるべきこと

心に驕《おご》りが生まれたら、戦国になるのは当然

頼朝の死後、源氏ははなはだ振るわなくなってしまった。それはちょうど藤原氏が朝廷から委任された政権を運用する便宜上、兵馬の権を源平両氏に任せ、両氏を統治の道具に使ったのが災いして、藤原氏に人材がいなくなるとともに、ついに源平両氏を統率できなくなったのと同じである。

藤原政権がまず平氏に奪われ、次いで源氏の手に渡ったのと同じ経路で、頼朝が総追捕使の命を受けると、統治上の便から道具に使った北条氏によって、朝廷から委任を受けた統治権を奪い取られてしまった。庇《ひさし》を貸して母屋を取られると

はこのことだ。

しかし当時、北条政子に引き続き、泰時、時頼、時宗などの人才が北条氏に現われたものだから、こうなったのはむしろ当然の成り行きだと言わざるをえない。

ところが、「歴史は繰り返す」と言うとおり、北条氏も高時のときに暴逆の度がすぎて、国内いたるところに怨嗟《えんさ》の声を聞くようになり、北条氏の力では国内を治められなくなってしまった。

ときの後醍醐天皇は生まれつき英邁《えいまい》だったので、政権をこのような北条氏に委任しておいては万民が苦しみ続けると心を悩ませ、天皇親政を思い立った。これがいわゆる〝建武中興〟だ。

ところが、当時の朝廷には大権運用の任に当たる人材がいなかったので、足利尊氏（高氏）という怪傑が現われ頼朝の偉業を継いで天下統一を志し、ここに南北朝の両立を見るにいたる。そしてとにかく尊氏は、北朝の朝廷から将軍の宣下を受け、天下に号令することになった。

しかし、南朝の遺臣にも相当の人物がいたことと、弟直義《ただよし》との間に不和があったことで、尊氏の生存中にはとても国内統一を達せられなかったのだ。

ところが、足利三代の義満がなかなかの人物で、これを輔佐する細川頼之のような文武兼備の人才がいたので、長らく両立した南北朝も合体して、後小松天皇が第百代天皇として即位することになった。

その後、義満の心に驕りが生じたため、しだいに声望を失墜し、八代将軍義政の時代には、ついに応仁の大乱が勃発するにいたる。その結果、朝廷には兵馬の実力なく、足利氏もまた国内を統率できず、幕府は名ばかりとなり統治の中心を失って、ここに群雄割拠の戦国時代の出現となった。

戦国の群雄に国家観念なし

戦国時代の群雄たちは、そもそも国家の観念がなく、したがって国家の元首である朝廷を尊崇する考えもなかった。

この戦国時代の群雄にも朝廷を尊崇する者はいたが、毛利元就くらいだろう。元就は私闘で兵を動かしてはならないことを知っており、周防《すおう》の大内氏のため義によって陶晴賢《すえはるかた》を討とうとするに当たっても、わざわざ朝廷から陶氏討伐の綸旨《りんじ》を請い受け、それからはじめて兵をあげたほどだ。

その他の豪傑もまた同様で、武田信玄にしても上杉謙信にしても、ともに非凡な豪傑英雄だったから、中央へ討って出て天皇を奉じて天下に号令することを志していたが、天の時や地の利の関係で思うとおりにならなかった。

ここで機敏にこの希望を達して、国内統一の先鞭をつけたのが織田信長である。

さすがに信長は皇室中心の国体をあくまで維持し、声望がすでに地に墜ちてしまった足利幕府を再興した。すなわち足利十三代将軍義輝《よしてる》が殺されると、その弟の義昭を奉じて入洛し、十四代将軍の義栄《よしひで》が在職一年足らずで死ぬと、義昭に十五代将軍の宣下を要請し、義昭をきちんと征夷大将軍に押し立てて天下に臨もうとした。

信長に国家観念のあったことは、義昭の非曲を諫めるために奏上した十七箇条意見書の第一に、「国家の治道何としてか永く、人道は何としてか古に立ちかえり、朴《すなお》には成り候うべしと、昼夜歎き思召《おぼしめ》すべく候。他意おわしまさば、果《はた》して冥加《みようが》あるべからざる事」とあることからも知ることができる。

しかし、義昭は信長の諫めを聞き入れず、信長の声望をうらやみ二度まで兵をあげたので、信長はついにやむなく義昭を滅ぼして足利幕府の跡を絶ったが、勢いの帰するところ、信長は足利氏に代わって天下に号令するにいたったのだ。

それにしても信長ただ一人で天下をまとめるわけにもいかないので、一方において三河の家康と結び、また他方において秀吉を抜擢し、重用した。その昔、藤原氏が源平両氏を道具に使って政権の運用を計ったように、家康、秀吉の両人を左右に使って、国内を統一しようとしたのである。

政治の中心は皇室でなければならないと考えていたので、信長は御所を修理し供御田《くごでん》を献上し、詔勅を重んじ勤王の実意を表明した。

ところが突如として明智光秀が背いて、信長を本能寺で倒したものだから、このときに大いに活躍の機会を得たのが秀吉である。秀吉は奇抜な才のある人だったので、ただちに信長の弔い合戦をいどみ、自ら天下を統一しようとしたのだが、まず柴田勝家らが秀吉に対して反旗をひるがえした。秀吉はもちろんこれを予期していたから少しも驚かず、柴田を越前で討ち破り、これを天下統一の第一階段にした。

徳川家康はなぜ征夷大将軍になったか

秀吉が天下を統一しようとするに当たって、眼の上の瘤《こぶ》になったのは家康だ。家康に首を振られてはどうすることもできない。すでに家康は信長の次子信雄《のぶかつ》に頼まれて小牧山に立てこもり、秀吉に対抗したほどである。家康を手に入れなければ、いくら柴田勝家などを倒したところで秀吉は天下統一できないから、家康を手に入れるために、さすがの秀吉もあらゆる手段を講じた。

そのために秀吉は母を人質として三河に送るやら、家康が妻の今川義元の養女築山殿《つきやま》を離縁・殺害したあとへ、すでに佐治氏との間に婚約のあった自分の妹を、佐治氏との約束を破って家康の妻にすることまでした。もっとも、この築山御前は、医師減敬《げんきよう》と姦通し謀反を企てるほど不貞な女であったから、家康としても離縁したのは無理からぬことだ。

　こうして秀吉はやっとのことで家康を手に入れることができ、いよいよ天下に号令することができ、政令兵馬の権を朝廷から委任されて天下統一したのだが、秀吉は信長にもまして国家観念が強く、皇室を国家の中心として尊崇し、朝廷に代わって国家を統治しようと思い、朝廷に対してはよく尽くした。

　ところが秀吉の死後、大坂方には大勢を見るに疎《うと》い暗愚《あんぐ》の人々が多く、それらが勢力を振るい、豊臣氏は朝廷から委任された政権を運用していけなくなった。

　本来の順序から言えば、いったん朝廷へ政権を奉還すべきなのだが、当時朝廷にもまた人物がいなかったので、家康がやむなく委任を継承して自ら征夷大将軍の職を拝命し、家康以後十五代、徳川氏が政令兵馬の権を握って天下に号令するにいたった。

　秀吉が没して一時政権が宙に舞おうとした当時、もし朝廷に優れた人材がいたなら、どうなっていただろうか。家康の考えもおそらくこれに影響され、征夷大将軍の職を拝命するにいたるまでの経路に多少の変化があり、もしかしたら豊臣氏が滅びると同時に、政権を朝廷へ奉還していたかもしれない。

成功者はすべて老獪《ろうかい》なのか

家康はいかにも老獪な人物だったかのように今日でも世間から言われ、ジャーナリストの福本日南《ふくもとにちなん》などはしきりに家康を老獪だとののしっているが、私は家康をさほど老獪であるとは思わない。

あの方広寺鐘銘の一件で豊臣氏をとがめたときに、わざわざ駿府《すんぷ》まで出かけた片桐且元《かつもと》に対しては、淀君を人質に入れろとか郡山へ国替えをしろとか、諸侯なみに江戸へ参勤しろとか、難題ばかり吹きかけておいて、一方淀君から遣わされた大蔵局《おおくらのつぼね》らの女臈《じょろう》たちに対しては、

「なにも心配するな、ゆっくり遊んで帰るがよい」

などと言ったものだから、大坂へ帰ってからの且元の報告と局らの報告とがまるで反対で、大坂ではどちらが本当かわからなくなり、結局、忠義者の且元が退けられることになった。

これが豊臣氏の末路となったのは、すべて家康の老獪さから出た結果のように言われるが、別に家康が老獪だったからでなく、婦女子に大義名分の立った難しい話を聞かせたところで、どうせなんの役にも立たないと思ったから、本心を打ち明けず、且元にだけ本音を言ったにすぎない。

とかく成功した人は世間から妬まれるもので、どれほど正しい順当なことばかりをしても、その当時はもちろん、後世になってまでも老獪であるように見られがちだ。家康が今日の史論家に老獪と見られるのは、家康が成功した人だからである。

これに反し、菅原道真が正直な人で、一点も非難すべきところのない聖人のように言われるのは、家康のように成功せずに失敗をもってその生涯を終えたからだ。成功者がすべて老獪で、失敗した人が正直で正しいとすれば、貧乏人でなければ正しいことは行なえないという理屈になる。天下にこんな馬鹿な道理のあろうはずはない。

4 謙虚に改心すれば、すこぶる楽しく生きられる

孔子の謙虚さ

子曰く、徳の脩《おさ》めざる、学の講ぜざる、義を聞きて徙《うつ》る能《あた》わざる、不善を改むる能わざる、これ吾《わ》が憂いなり（述而）

この章句もまた孔子の謙遜の言葉である。孔子が真に徳を修めず、学を講ぜず、不善を改められない人だったなら、孔子は聖人どころか、まったく取るに足りない人物だ。孔子がこのように言ったのは、自分を引き合いにして世間に徳の修まらない、学を講じない、不善を改められない人々が多いことを慨嘆して諷刺した

にすぎない。私でも他人に忠告するときは、「自分は薄徳だが」とかなんとか前置きをしてから、いまの世の中が一般に軽薄で犠牲の精神に乏しく、利己的になって困るといった意味を述べ、世間に警告を与えるのが習慣だ。

ちょうど私が、今日の人が犠牲の精神に乏しく、軽薄で利己的なのを嘆かわしく思うように、孔子も当時の社会に、徳を修めず、学を講ぜず、不善を改められない人があまりに多いことを憤慨して、このように発言したのだろう。

『大学』の説き方、おもしろし

孔子の教訓も『大学』と『論語』とでは、その説き方に非常な差がある。『大学』は人が人生に処する道の大要について説いたもので、そのために『大学』と称するようになったのだが、冒頭の章句にある（大学の道は）「明徳を明らかにする」「民を親《あら》たにする」「至善に止《とど》まる」の三項が全篇の骨子で、古来これを大学の三綱領と呼んでいる。

そして、この三綱領を実践する法として説いた「平天下《へいてんか》」「治国《ちこく》」「斉家《せいか》」「修《しゅう》身《しん》」「正心《せいしん》」「誠意《せいい》」「致知《ちち》」「格物《かくぶつ》」は、大学の八条目と称せられている。

はじめに、「古《いにしえ》の明徳を天下に明らかにせんと欲する者は、まずその国を治む」と説き、つづいて斉家、修身、正心、誠意、致知、格物に及び、社会における平和幸福の根本は、事物の観察研究にあることを示し、今度はさらに改めて逆に説き、「物格《ものいた》りてしかる後に知致《ちいた》る」から始めて、誠意、正心、修身、斉家にさかのぼり、「国治まりてしかる後に天下平らかなり」と結んだのは実におもしろい説き方だ。しかし『大学』は、抽象的に流れ、実際の細目には少しも触れていない。

しかし、『論語』はそうでない。世間の批評だとか、弟子たちの苦情だとか、その他いろいろな難局に臨んで受け答えた教訓だから、現実社会で心に迷いを生じたときに、これを尺度にして判断すれば、大過なく一生を送ることができる。

孔子は失言取り消しを、ためらわない

孟子は人の性は生まれつき善であると性善説を主張しているが、人間本来の性

質は善である。悪は誰も好まないところである。

本当に人の性がこのように善ならば、「義」を聞いたらすぐ実行し、不善と知ったらすぐ改め、徳を修め学を講じそうなものだが、実際はなかなかそうはいかない。

孔子でさえも「これ我が憂いなり」と言ったほどで、とかく人は徳も修めず、学も講ぜず、「義」を聞いても実行せず、不善も改めたがらない。

これは、誰にでも私心があって、七情（喜・怒・哀・楽・愛・悪＝憎・欲）に左右されるからである。勝手な行ないばかりして世間に迷惑をかけているような人でも、ひとたび他人のことになれば、「あの人は善い」とか「悪い」とか、正《せい》鵠《こく》を射た判断を下せるようになる。

ところが自分のことになると、判断がすっかり横道にそれてしまい、大義名分を無茶苦茶にし、是を非とし、非を是とするようになってしまうのは、人の性はもともと善ではあるが、ひとたび七情が起こって私心がその間にはさまれば、是非善悪の判断力を失う、なによりの証拠である。

人に私心さえなければ、孔子も『論語』「衛霊公篇《えいれいこうへん》」で、「無為《むい》にして治むる者はそれ舜《しゅん》なるか、それ何をかなすや、己《おのれ》を恭《うやうや》しう正しく南面するのみ」と説いているように、世の中に争いごとなどが起こるはずはない。

たいていの人が自分の非を弁解するとき、「誰それはかくかくしかじかのことをしたから、その対抗上やむなくこういう道ならぬ行為に出たのだ」と言うが、それはつまり私心である。このように言う人でも、自分のやったことと同じことを他人がやれば、やはりそれは悪いことだと言うに違いない。人にはもともと義を聞いて実行し、不善と知れば改める本性がある。

そこへいくと孔子はさすがに偉いもので、過ちてすぐに改め、ちょっとした冗談でも、悪いと気づけばただちにこれを取り消したもので、『論語』「陽貨篇《ようかへん》」にはこれにまつわる逸話がある。

ある日、孔子が門人を引き連れて、弟子の一人である子游《しゆう》が宰相となっている武城に遊んだ。そこで、絃歌《げんか》の声を聞き、これも子游の治め方が優れていて、民に礼楽を教えているからだと大いに喜び、子游ほどの男がこんな小さな村を治めるのに、礼楽をもってするほどのこともあるまいという意味から、

「鶏《にわとり》を割《さ》くにいずくんぞ牛刀を用いん」

という言葉を発した。

これを聞いた子游は、孔子にも似合わぬことを言われるものだと思い、

「君子道を学べば人を愛し、小人道を学べば使いやすしと、かつて先生より教えられました。この精神を遵奉し、君子も小人もみな善良な村民になれるようにと、礼楽によって民に道を学ばせる方針をとっていますのに、反対に先生の口から、礼楽にも及ぶまいというお言葉を聞くとは心外です」

と攻撃の戈先《ほこさき》を孔子に向けた。孔子は悪いことを言ったと気づき、

「堰《えん》（子游）の言は正しい、前言は冗談だ」

と失言を取り消した。

これは孔子だからできたことで、自分の非を少しも弁解せず、しかもその言葉

に迫ったところがなく綽々《しゃくしゃく》と余裕のあるのには、ただただ感服するほかない。

『菜根譚《さいこんたん》』にもこのように言っている。

「己《おのれ》が心を昧《くら》まさず、人の情を尽くさず、物の力を竭《つく》さず、もって天地のために心を立て、生民のために命を立て、子孫のために福をなすべし」

自分の失言非行を押し通す人はみっともない

世の中は十人十色で、孔子のように自分の非を知れば少しもこれを弁護することなく、すぐに改める人ばかりではない。理が非でも無理矢理に自分の言い分を貫徹しようとする者もいる。こういう人は、いかに才智が優れていても、非凡の技能があっても、世間の反感を買い、自分の志を行なえなくなるものだ。

昔の小話にも、ある男が銭湯に出かけ、湯に入らないうちから熱いと思い込み、三助を呼んでうめてくれと頼んだ。三助は湯槽に手を突っ込んでみて、熱いどころかぬるくなっているのを知ったので、「ぬるいから、うめるには及びません」

と言うと、その男は、「ぬるい？　ぬるくてもかまわないからうめろ」と居丈《いたけ》高《だか》になって命じたという。妙なところで意地を張って我意を貫徹しようとしたものだが、こんな傾向の人はけっして世間に少なくない。

人にはみな、妙な癖があるもので、他人の失言や無理な行為にはあれこれと非難するが、自分の言動にはどんな失言や無理があっても、これを弁護しなければならない義務があるように心得違いをして、すぐになんのかんのと、つけられもしない理屈を無理につけ、自分の非を無理に遂げようとしたがる。

いかに理屈をこね上げて、一時自分の非をとりつくろってみたからとて、失言は依然として失言、無理な行為は依然として無理な行為だ。

そんな馬鹿なことにつぶす暇があったら、失言を早く取り消し、無理な行為に対しては改悛《かいしゅん》の情を示し、以後その過ちを繰り返さないように心がけること。

そうすれば、その人は自分の失言を弁護したり、無理な行為に理屈をつけて烏《からす》を鷺《さぎ》と言いくるめるよりも、はるかにその人品を高めることになる。自分で自分の失言非行を無理な理屈で弁護するほど、みっともないものはない。

第七章

天に味方される人になる

1 私欲に走った生き方で人生を狭くしていないか

人にはいつでも誠意をもって接しなさい

子《し》、斉衰者《さいしゃ》と冕衣裳者《べんいしょうしゃ》と瞽者《こしゃ》とを見るとき、これを見れば少なしといえども必ず作《た》ち、これを過ぐれば必ず趨《はし》る（子罕《しかん》）

この章句は、孔子が人に誠意をもって接したことを記したものだ。

元来、中国の周の時代は、礼法が非常にうるさかった。そしてその「礼」も非常に広い意味であって、天下国家を治める法制から個人の日常生活にいたるまですべて包含しており、今日一般に言う行儀作法とは別である。
孔子はかつて顔淵に「仁」について、「己《おのれ》に克って礼を復《ふ》むを仁となす。一日己に克って礼を復めば、天下仁に帰す」と言ったほど「礼」を重んじた。孔子の時代は非常に殺伐たる時代だったが、それでも礼と楽とを政治の重要な分野としていたようである。孔子がとくにこれを強調していたことは言うまでもない。

この章句の意味は、孔子は座っているとき、喪服を着た人（斉衰者《しさいしゃ》）、貴人の礼装をした人（冕衣裳者《べんいしょうしゃ》）、そして眼の見えない人（瞽者《こしゃ》）を見ると、その人の年齢が孔子より若くても必ず立って敬意を表し、また、その人たちの前を通るときは、必ず小走りしたということである。つまり、喪中の人を悼み、爵位ある人を尊敬し、体が不自由な人を思いやる誠意が、自然に孔子の行動に現われたのであって、これこそ聖人の心である。

この時代といまとでは、すべてにいちじるしい相違があるから、これをそのまま現代に当てはめることは無理だが、現代のように利欲に走り、人情が紙よりも薄く、道徳が地を払おうとしているのは寒心に耐えない。資本家と労働者の紛争も、両者ともに誠意に欠けているのが一つの原因でもあろう。

孔子の誠意があったら、おそらくひっきりなしに起こる紛争を見ず、円満に解決することができるだろう。

孔子の道徳の不思議かつ、非常に優れた妙用

顔淵喟然《きぜん》として歎《たん》じて曰く、これを仰げばいよいよ高く、これを鑚《き》ればいよいよ堅し。これを瞻《み》るに、前に在り、忽焉《こつえん》として後《しりえ》に在《あ》り。夫子循々然《ふうしじゅんじゅんぜん》としてよく人を誘《いざな》う。我を博むるに文《ふみ》をもってし、我に約するに礼をもってす。罷《や》めんと欲して能《あた》わず、すでに吾《わ》が才を竭《つく》せり。立つところありて卓爾《たくじ》たるがごとし。これに従わんと欲すといえども、由なきのみ（子罕《しかん》）

この章句は顔淵が孔子の常住座臥（ふだんの生活）を見て、その道徳の妙用を感嘆したものだ。顔淵が孔子の門に学んですでに徳が完成しているのに、ああと感嘆の声を上げて次のように嘆いた。

「先生の道徳は、仰ぎ見れば、ますます高くてその頂上が見えず、また、切り込んでいけば、ますます堅くて歯が立たない。先生はただ高く堅いばかりでなく、これを凝視しようとすると、たちまち前にいるかと思えば、たちまち後ろにいるようで、その道徳の妙用は広大無辺である。しかもその教えは順序があって、うまく人を導き、古今の書物で私を高め、礼で行動を示された。こういうふうだから、知らないうちに感化されて、途中でやめようと思ってもやめることができず、全力を挙げて努力するのだが、先生は前方に高くそびえている。そしてこれに追いつこうと思っても、まだ届くことができない」

孔子が孔子である理由

孔子の弟子は三千人と言われ、六芸《りくげい》（礼・楽・射・御・書・数）に通じた者は七十二人もいたと伝えられている。なかでも孔子の十哲と言われて、とくに優れた門弟が十人いた。

この十哲はそれぞれ特長をもち、閔子騫《びんしけん》、冉伯牛《ぜんはくぎゅう》、仲弓《ちゅうきゅう》は徳行に優れ、宰我《さいが》、子貢《しこう》は言語に秀で、冉有《ぜんゆう》、子路《しろ》は政治に、子游《しゆう》、子夏《しか》は文学に、おのおの一頭地を抜いていたが、顔淵が最も徳行に優れ、孔門の第一人者として孔子の最も信任を得た人である。

四十そこそこで孔子に先立って死んだが、そのとき孔子が、
「ああ、天、予《われ》を喪《ほろ》ぼす。天、予を喪ぼす」
と嘆き、「子これを哭《こく》して慟《どう》ず」と『論語』にあるように、非常にその死を惜しんだ。顔淵はそれほど徳行の高い人であったが、孔子には遠く及ばなかったことを感嘆したのである。

孔子は後世になって道徳だけで聖人と言われたが、身の行ない正しく、ことに当たって、そのたびに正しい判断を下して人を導いたことは言うまでもない。喜《き》・怒《ど》・哀《あい》・楽《らく》・愛《あい》・悪《お》（憎）・欲《よく》の七情の発動が最も自然で、これをくだいて言えば最も平凡な聖人であった。

また、孔子は六芸にも通じ、当時の古典を読みあさり博識で学が深く、詩書礼楽のほかに当時の天文学・化学・技術にも通暁していた。孔子が直接筆をとった『春秋』は、その文章が適切で内容は深遠だった。音楽にも通じ、音楽の善悪についても批評したこともある。また、国を治め人民を安んじさせる高度の学問だけでなく、すべての下世話な細かい物事にも通じていた。卑近な例をとって解釈するのは、孔子の得意とするところであった。

いまの世に孔子のような聖人を求めることは難しい。いやむしろ不可能であろう。しかし、孔子は古来の英雄豪傑と異なり凡人の典型である。その平々凡々の教訓にすべてわれわれの学ぶべき道が説かれている。だからこそ、及ばずといえども大いに努めて修養を積まなければならないと思う。

何事も程度を超えるな

子、疾《や》む病《へい》なり。子路門人をして臣とならしむ。病《やま》いの間に曰く、久しいかな、由《ゆう》の詐《いつわ》りを行なうや。臣なくして臣ありとなす。吾《われ》誰をか欺《あざむ》かん。天を欺かんか。かつ予《われ》その臣の手に死せんよりは、むしろ二三子の手に死せんか。かつ予たとえ大葬を得ざるも、予は道路に死せんか　（子罕）

子路は孔門十哲の一人だが、性質が率直で、悪く言えば早合点の人であったらしい。かつて孔子が道が行なわれないことを嘆いて、「道行なわれず。桴《いかだ》に乗りて海に浮かばん。我に従わん者はそれ由《ゆう》（子路）か」と言ったときに、子路はこれを聞いて喜んだ。ところが孔子はこれに、

「由や勇を好むこと我に過ぎたり」

と戒めた。子路は義を見て勇む傾向の人だったが、孔子を尊敬し孔子を思うあまり、往々にして道理に合わないことをしては孔子に戒められていた。

この章句は、子路のいつわりごとを戒めたものだ。孔子の病気が重かったとき、子路が提案して門弟を孔子の家臣に仕立てた。これは孔子が退官後に家臣がいなかったので、万一孔子が死去したとき、葬式が庶民と同じになるので、師を思うあまりこのようにしたのである。

ところが、後に孔子は病気が少しよくなったとき、これを聞いて子路を戒めた。「家来がいないのに、いまさら家来をつくって、誰を欺こうとするのか。私に家来がいないことはみな知っているから人を欺くことはできない。天を欺こうとするのか。人として天を欺くのは大罪である。私はいつわりの臣の手で死ぬよりは、むしろ門人の手で死ぬことのほうを望む。たとえ君臣の礼をもってする大葬を受けることができなくても、二三の弟子があれば、道路に放棄されて葬られないようなことはあるまい」

これは孔子が虚礼を戒めたもので、子路が師を思う情は理解できるが、それは程度を越えていた。こうしたことは、いまもありがちなことで、必ずしも悪いとは言えないが、程度を越えてはならない。

現代は文化の度が大いに進んではいるが、師弟の関係は真の温情と敬愛とを欠き、その結果、学生たちの教職員排斥という不祥事をたびたび見聞する。これは人の師たる者の誠意と温情が欠けているのも原因だろうが、学生にも敬愛の念に欠けたところがある。

また、虚栄は現代人共通の弊害だが、これは大いに慎むべきことで、近頃やっと虚礼廃止の声が上がり始め、「生活改善の会」などもできたが、今後はさらに徹底する必要があると思う。

自分を高く売るか？　安く売るか？

子貢曰く、ここに美玉《びぎょく》あり、櫝《ひつ》に韞《おさ》めてこれを蔵《かく》さんか。善《よ》き賈《あたい》を求めて諸《これ》を沽《う》らんかと。子曰く、これを沽らんかな、これを沽らんかな。我は賈を待つ者なり（子罕）

「ここに美しい玉があります。これを箱の中に入れて深く蔵《かく》しておくべきでしょうか。あるいは高い値段で沽《う》（売）るべきでしょうか」

と子貢が孔子に質問した。

孔子が六芸に通じて徳が高いにもかかわらず仕官できないのを見て、美玉を道にたとえ、「蔵」は仕官しないことにたとえ、「沽」は仕官することにたとえたのだ。孔子はこれに答えて言った。

「売ろう、売ろう。ただし相当の価《あたい》を待っている」

つまり、仕官して「道」を行なうのはもとより望むところだけれども、士は礼を待って出るべきで、自らひけらかしたり、自ら屈して仕官することを欲しない、という意味である。

これをいまの時代に見ると、美玉はさておき、きず玉や欠け玉でありながら、美玉に見せかけ、実際の十倍も百倍もの誇大宣伝をして、売らんかな、売らんかなと叫んでいる人が多い。

深く隠れている君子で高い価値をもっている人もいるが、それもよろしくない。いずれもその程度を守らなければならない。前者はもちろん排すべきだが、後者のように深く隠れて世に出ないのも、人としての使命に背いている。

人間が世にある以上は、必ず務め（役割）がなければならない。つまり、それぞれの分に応じて、まずは身近なところで行ない、さらに進んで郷土に及ぼし、やがて国家社会にまで及ぼすべきだ。

君子の道は夫婦から出発すると言われているほどであって、君子の道が一村に行なわれると、これを広げれば一郡、一県、一国に及び、社会に利益をもたらすことになる。そうすれば、人は分に応じて社会のために尽くす責務を自覚し、大きな器を抱く人は国家社会に、小さな器の人はまずこれを近所に施すべきだ。

孔子・生涯の一大転機

子曰く、吾《われ》、衛《えい》より魯《ろ》に反《かえ》り、しかるのち、楽《がく》正しく、雅頌《がしょう》おのおのそのところを得たり　（子罕）

魯の哀公《あいこう》十一年の冬に、孔子は衛から母国の魯に帰った。

そのとき孔子はちょうど六十八歳だった。孔子は、この先、周の天下の政治を再興して、大いに仁政をしきたいという政治的抱負を抱き、魯・斉・鄭《てい》・衛などを歴遊したが、この時代は、先王の道が行なわれず、いたずらに覇権を争っていた。それは欧州の天地が、イギリス・フランス・ドイツ・ロシア・オーストリア・イタリアなどの諸大国をはじめ、バルカンの小国にいたるまで互いに競争し、その結果、未曾有の大戦乱となったのに似ている。

孔子は諸国を歴遊して明君を訪ね、なんとかして周の政治を再興して、文王時代のような仁政を施したいと思った。しかし、各国はいずれも道がすたれて明君がなく、孔子はとても初志を実現できないと感じた。

そこで初志を変更して、政治上の抱負をあきらめ、学問で世を救おうと決心し、衛から魯に帰り、いちずにそれに力を注いだ。この章句はその当時のことだろう。

周の政治は、「礼」と「楽」とを大事にした。「礼」とは単に礼儀作法を意味するのではなく、国を治める規準であり、「楽」は人の心を和らげ勇気づけるものだ。そしてここにある雅頌《がしょう》とはその音楽の一つで、当時朝廷の音楽は「雅」を歌い、宗廟の音楽は「頌」を歌ったもの。

孔子が魯に帰ってみると、古来周の礼楽を伝えていた魯も、このときはまったく「道」が衰え、「礼」も「楽」もすたれていた。そこで孔子はその間違いを正し、足りないところを補って、誤りがないようにした。

推察すると、孔子は哀公十一年に魯に帰って以来、五年の間に『詩経』『書経』『易経』『礼記《らいき》』などの研究をしたようだが、『春秋《しゅんじゅう》』はこの頃に編まれたのだろう。要するに孔子は、王道を行なおうという大抱負が失敗して、数十年にわたる努力も水の泡になった。それで経書（儒学の経典）をもって世を救おうとしたもので、ここに孔子の一大転機を見るべきであろう。

頭でわかっていても実行に移せる人は、ほとんどいない

子曰く、出《い》でてはすなわち公卿《こうけい》に事《つか》え、入《い》りてはすなわち父兄に事え、喪のことはあえて勉《つと》めずんばあらず。酒に困《くる》しめらるることをなさず。我に何かあらんや　（子罕）

「出ずる」とは公《おおやけ》の場合を言い、「公」は三公（最高位の三つの官職）、「卿」は九卿《けい》（三公に次ぐ九つの長官職）のことで、公事では三公や九卿に仕えてよく礼

を尽くし、私事では父兄に仕えて孝悌の礼節を尽くし、親族の喪はおろそかにしないでつとめ、酒席では人に酒を勧められても自ら節制して乱酔しないという四つは、人が日常行なうべきことがらであって、誰にでも実行できるやさしいことだが、孔子自らは謙遜して、この四つぐらいは私にもできると言ったのだ。

もともと『論語』は、後世弟子たちが編集したものだから、その章句の順序が必ずしも整っているわけではない。孔子は三十歳前後から各国を歴遊し、魯に戻って公卿に次ぐ司寇《しこう》（六卿の一つ。警察を司る）の職に任ぜられ、自ら政治にも参加したが、その理想が実行できず、その方針を変えたのが六十八歳のときである。これがその当時に言ったものだとすれば、前の章句と矛盾する。おそらくこの章句はもっと若い頃の言葉だろう。

要するに、これは最も卑近に人の務めを示したもので、青年に教えるための章句だろう。孔子は一方に非常に大きな抱負を抱いて中国全体を先王の政治にすることを目的としていたが、一面ではこうした些細なことにも心をとめていた。

孔子は英雄ではない。平凡な尋常人タイプで、その尋常人の優れたのが孔子である。人間としてなすべき務めを自然になし、かつ道にかなっていたところに孔子の優れた人格が表われている。

現代人は理屈はよくわかっているが、実行がこれにともなわない欠点がある。口では立派なことを言っていても、行動がともなわなければ、なんにもならない。私は現代人に対して、自己をよく内省して、良心に恥じない行ないをすることを切に望むとともに、孔子の教えを味わって、大いに修養することをお勧めしたい。

一分をおろそかにする人は、一生をおろそかにする

子、川の上《ほとり》に在りて曰く、逝《ゆ》く者はかくのごときかな。昼夜を舎《や》めず　（子罕）

この章句は、文字どおり時を惜しみ学問に励むことを勧めたものである。

孔子がかつて、川のほとりに立って水の流れるのを見つつ、弟子をかえりみて訓戒した。

「すべて往く者はこの川の水の流れのように、昼となく夜となく流れ去って、少しも休むことがないが、光陰（時間）もまたこれと同じで、ひとたび去ったら再び帰ってこない。だから学問に志す者は、わずかな光陰をも惜しんで勉強しなければ、後悔しても取り返せない」

朱子はこの章句を「道」の姿を説いたものだと解釈しているが、これはむしろ光陰を説いたものであって、水の流れを見て孔子が人生観・社会観を述べたと見るのが正しいと思う。

三島中洲《ちゅうしゅう》先生もまた光陰を説いたものであると言っているが、しかし、解釈のしようによっては、朱子の解釈も必ずしも間違っているとも言えない。場合によっては、そう解釈しても差し支えなかろう。

2 道徳を用いれば、つまずくことなく富んでいく

道徳と理財は相反しない

子、顔淵を謂《い》う。曰く、惜しいかな、吾《われ》その進むを見るなり。いまだその止《や》むを見ざるなり（子罕）

これは孔子が高弟顔回の死後、愛惜の情をもらしたものだ。顔回は存命中、その徳を日々積んでおり、それが止まるのを見たことがなかったという。もし彼が死ななかったならば、必ずや聖人の域に達したはずだと嘆いたものだ。

この「進むを見て、その止むを見ざる」という行ないは、ただ顔淵だけのもの

ではなく、人類の本性であってほしいものだ。

この「進む」というのは進歩という意味で、ただ同じ道をまっすぐに進むだけが進歩ではなく、考え違いを思い直して新たに別の正しい道に向かうのもやはり進歩である。たとえば私は青年時代に攘夷を唱えていたが、後にこれを改めて通商貿易論者となった。これなども止まるのではなくてやはり進歩である。


もともと、孔子・孟子の道徳は、けっして局限された狭い範囲のものではなく、一般人の日常生活に触れている実際的なものなのだが、後世の人が孔孟の道徳は理財とはまったく相反するように誤解した。これは漢以後の人が説いたことであって、日本でも漢学者と言えばほとんど世事にうとかったのも、この流れを汲んだためである。

かの山鹿《やまが》五右衛門（素行）が『聖教要録《せいきようようろく》』を著して、因襲にとらわれた従来の道学者の説を論破したため、幕府の学問を司る林家から異端とされ、赤穂に流刑にされたが、それほど旧来の道学者は頭が堅かった。

進歩は大いに望みつつ善悪を見分けよ

孔子・孟子の道徳は、旧来の漢学者が説く、世事と没交渉のものではない。道徳と生産利殖とは一致しているのだ。山鹿素行を異端者扱いにした当時の漢学者から見れば、邪道に入ったと非難するだろうが、これが進歩というものだ。同じまっすぐの道ならば、その一路をひたすらたどるのが進歩であるけれども、もしそれが間違っていた場合、右の道を左に変えることは、同じく進歩である。

今日、欧米の新しい思想が盛んにわが国に取り入れられているのは、まことにけっこうだが、よく吟味して、はたしてわが国体にふさわしいか、国民性に適合するかを知ったうえで、適合するものだけを咀嚼《そしやく》し、消化して取り入れなければならない。

この世界は自分のためにあるだとか、自分の心のままに動けば、他人のことは考えなくてもよいという説をもって欧米思想とするならば、それはよろしくない欧米思想である。私も進歩を望んでいるが、説の善悪をよく鑑別する必要があることを、とくに海外思潮の流入が盛んになりつつある現代人に注意喚起したい。

どんな人を生涯の友とすべきか

子曰く、忠信を主とし、己《おのれ》に如《し》かざる者を友とすること毋《なか》れ。過《あやま》ってはすなわち改むるに憚《はばか》ること勿《なか》れ　（子罕《しかん》）

この章句は『論語』の最初の「学而篇」に出ているから、重複だと言う学者もいるが、これは前章を受けて改めて出したのであって、重複ではない。（すぐれた言葉を聞いても）喜んで（ただそれだけで、真意を）尋ねなかったり、聞いて改めなかったりするのは、忠信を主としないからだ。

忠信を主とすれば、こういうことがなくなる。この意味から前章を受けて再びこれを出したのである。

「己に如かざる者を友とすること毋れ」という章句について大隈重信が、「孔子も無理なことを言っている。この教えに従えば、おれなんか一人も友だちがいない」

と言ったことがある。これは大隈が世の中に自分ほど優れた者がいないと信じて言ったのだろうが、確かに文字どおり解釈すれば、彼のように百事に優れた人ならば、誰も友とすべき人がいないかもしれない。

しかしこの章句は、そういう意味でない。

喜んで尋ねなかったり聞いて改めなかったりする人が多いから、よく友を選んで交われという意味であり、世の中にすべての点で優れた人などいない。だから**善に接して過ちを改めるのに躊躇《ちゅうちょ》しない善良な人を友とせよ**ということだ。

「大舜の徳」と言うが、舜のような大聖人でも過ちはあった。ただこれを改め、善に染まるようでなければならないのだ。

森村市左衛門（明治の実業家）などは、過ちを改めるという意味では当てはまらないかもしれないが、善に染まるという意志の強い人だった。ある時代には仏教信者になり、晩年キリスト教に帰依したが、とにかく善を行なう意志が強かったのは事実だ。また、三条実美や木戸孝允などは、自説に固持せず、よく人の説を容れた。これは一面において「遷善改過《せんぜんかいか》」の徳を備えていたと言える。

身なりを飾る前に、礼儀作法を身につけよ

子曰く、敝《やぶ》れたる縕袍《うんぽう》を衣《き》て、狐貉《こかく》を衣たる者と立ちて恥じざる者は、それ由《ゆう》か（子罕）

孔門十哲の一人、子路の行動を賞めて言ったもので、ことに処して勇敢であり、仕事に対して活発であり。しかも天真爛漫な無邪気さがあるのは、由（子路）であると賞めた言葉だ（縕袍は棉入《わた》れ。狐貉は狐やムジナの毛皮）。

人の賢愚は貧富によって違うわけでない。だから貧弱な服装をしていても、自分の行ないが正しいなら、立派な服装の人と並び立っても恥じることはない。

身なりを飾るより、学を修め徳を養うよう努力すべきなのはもちろんだが、そうはいっても現代では、欧米諸国人と交流があるのだから、それにふさわしい礼儀をわきまえること。例えば、汽車の一等車に破れた着物で乗り込み、大勢の前で尻をまくったり、通路にたんを吐いたりするのは、けっして豪放ではなく、た

だの誤った東洋豪傑ふうの礼儀を乱す無作法だから、ぜひ慎まねばならない。

3 自分のいまの生きざまに自信があるか

すべてに節度を守ること

顔淵死す。顔路《がんろ》、子の車をもってこれが椁《かく》をつくらんと請《こ》う。子曰く、才も不才も、おのおの言うはその子なり。鯉《り》や死す。棺あって椁なし。吾徒行《われとこう》しもってこれが椁をつくらず。吾《わ》が大夫の後《しりえ》に従うをもって、徒行すべからざればなり（先進）

これは、喪礼はその本分を守り、虚飾に流れないようにしなければならないことを教えたものである。

顔淵《がんえん》は孔門三千の門弟の中で最も傑出した人であり、最愛の弟子であったから、孔子は大いにその死を惜しみ悲しんだ。

「ああ、天、予《われ》を喪《ほろ》ぼす。天、予を喪ぼす」と言ったほどである。


ところが顔淵の父の顔路が、貧しくて槨（外棺）を買えないから、孔子の車を売って顔淵のために外棺を買ってくださいと頼んだ。

孔子はこれに答えて、

「才子であってもなくても、誰でも自分の子を愛する情は同じである。顔淵は才子で、私の子の鯉は不才子であったけれども、親として子を愛する情は変わりはない。鯉が死んだときにも、棺だけで外棺まで用意できなかったが、このためにない。私は車を売らなかった。これは私が高官についていくときに必ず車に乗る身分で、歩くことができないからだ」

と顔路を説諭した。

要するに人間は貧富相応の本分に満足するべきだというのだ。親として子の葬儀を立派にしたいと思うのは無理もないが、けっして度を越してはならない。

孔子はこの点において、自ら守ることが正しかったとともに、門弟たちに対しても深くこれを戒め、その節度が人情に適し情にかられてあまり愛しすぎたり、悲しみすぎたりせず、些細なことにも深く注意を払った。

だからこそ自分の道徳の後継者と思っていた顔淵の死に遇《お》い非常に悲しんだが、父顔路の願いを退けて説諭した。

節度を失うことは、ときには愛嬌に見えることもあるが、けっして立派な行為とは言えない。孔子はその一生を通じて、うれしくて喜びすぎたり、悲しみすぎてわれを忘れたりするようなことはなかった。よく自分の節度を保ったのだ。

現代人は一般にこの節度を失いやすい。何事においても、節度を忘れてはならない。孔子が顔路を諭した教訓は、そのまま現代のわれわれにもよい教訓である。

国家の問題も大事だが、先に、自分の問題を自分で解決しなさい

季路《きろ》鬼神に事《つか》えんことを問う。子曰く、いまだ人に事うること能《あた》わず、いずくんぞよく鬼に事えん。曰く、あえて死を問う。曰く、いまだ生を知らず。いずくんぞ死を知らん（先進）

季路（子路）は元来少しとっぴな性格を備えた人で、ときにはすこぶる果断なところもあった。よい一面もあり、労働の仕事までして身を立てた人で、しかも孔門中の指折りの政治学者であった。孔子が「政事には冉有《ぜんゆう》・季路」と言ったほどである。

季路が、「鬼神すなわち神様に仕えるには、どうしたらよろしいでしょうか」と質問したところ、孔子はこう答えた。

「まず人間に仕える道に完全でなければならない。そして後、神に仕える道を学

ぶべきである。まだ人間に仕える道を十分に修めないで、どうして神に仕える道を知ることができよう」

季路がさらに死に対処する道を尋ねた。すると孔子は、

「まだ生存して世に処する道、すなわち君父に仕え、世間の人々に接し、妻子を養う道をよく知らないで、死に対処する道を問うのは間違っている」

と戒めた。空想に流れず、つねに身近に実行できることを主として説いているが、この短い章句にもよく表われている。

いまの青年の全部とは言わないが、概して空想的な青年が多いように思われる。そしてその空想的青年は、ちっとも自分一身のことさえできずにいながら、一国のこと、世界のことを論じ、また、一家さえ治めることができないのに、社会政策のことで駆け回っている人もいる。

なかには、社会政策のために奔走努力すると言いながら、かえって社会政策のご厄介になっている人がたくさんいる。現に私のところにもこんな人の来訪が少

なくない。

これは要するに半知半解の西洋の学問に中毒したためである。一国のこと、世界のことを論ずるのもよい。社会政策に奔走するのもよい。けっして悪いとは言わないが、まず一身一家を治めることが肝要である。一身一家を治めることができないのに、国家社会のために尽くそうとするのは、本末転倒もはなはだしい。

人間、〝中庸〟を保つのが第一

子貢問う、師と商とたれかまさると。
子曰く、師や過ぎたり、商や及ばずと。
曰く、しからばすなわち師は愈《まさ》れるかと。
子曰く、過ぎたるはなお及ばざるがごときなり　（先進）

師は子張の名、商は子夏の名で、ともに孔門の高弟だが、その性行は同じではない。ある日、子貢が孔子にこの二人の特長を尋ねた。孔子は、

「子張は過ぎている。子夏は及ばないところがある」

と答えた。そこで子貢はさらに、

「それでは子張は子夏より優れているのですか」

と聞いた。孔子は首を振って答えた。

「いやそうではない、人間は中庸が最も大切だ。過ぎたるも中庸でなく、及ばざるも中庸でない。だから過ぎたるも中庸を得ざることにおいては、なお及ばざるに等しい」

子張は才高く心広く、好んで難しいことをしたので、孔子はこれを過ぎたりとなし、子夏は厚く信じ慎み守って、どちらかと言えば引っ込み思案に近い性質であったから、及ばずとした。

今日でも偉い人がたくさんいるが、さて真に中庸を失わない人がどれだけいるだろうか。この人は手腕があると思うと中庸を失っていたり、この人物はしっか

りしているなと思うと及ばないところがあったりして、中庸を得た人はきわめて少ない。すべて中庸を保つということはその身を全うするということであって、人として中道を歩むことは、最も必要なことだから、私は諸君に自分自身の行ないが中庸を得ているかどうかを省みてほしい。

自分自身を省みるとき、おそらくそこに過ぎているか及ばずにいるかを見出すだろう。

立派なことを言う人でも、人物はわからない

子曰く、論篤《ろんとく》にこれ与《くみ》せば、君子《くんし》者《しゃ》か、色荘《しきそう》者《しゃ》か（先進）

色荘者とは、体裁のよい、いわゆる巧言令色の人を言う。この章句は言葉だけではその人物がわからない、真にその人間を知るには、その行ないを見なければわからない、ということを言ったものだ。

議論だけを聞いてその人を信ずると、往々にしてその人物の鑑定を誤る。

私のところには、始終、各方面の人が訪ねてくるが、その中には立派な議論をし、またけっこうな企画をもって相談にくる人もいるが、後になってみると、その言ったことが少しも行なわれていない例が多い。

例えば、労働会館をつくると言って、有志の賛成を求める人があると仮定する。その趣旨はたいへんけっこうだし、ぜひその目的を達成させたいと思っているにもかかわらず、それをいっこうに実行しないというふうな人が多いのだ。

ひどい人は、これを口実にして自分の稼ぎにしている人さえいる。みんながそうだというわけではないけれど、世間にはこんな例がけっして少なくない。

これが議論ばかりでうっかり人を信ずることができない理由である。こんなことは一面から言えば、人を見る目がないということにもなるが、世間の人は、この点によく注意すべきである。

4 憂《うれ》えず、恐れず

君子とは何か

司馬牛、君子を問う。子曰く、君子は憂えず懼《おそ》れずと。曰く、憂えず懼れざる、ここにこれを君子と謂《い》うのみかと。子曰く、内に省みて疚《やま》しからざれば、それ何をか憂い何をか懼れんやと　（顔淵）

これは、孔子が、司馬牛が「君子」について質問したことへの答えだが、いかにも欠点のない、司馬牛に当てはまった教訓だ。

「君子」は、一国の君主に対して敬称的に言う場合もあるが、この場合の君子は立派な人格の人を指したもので、いわゆる君子と小人とを相対したのだ。

では君子とは、どんな要素を備えた人を言うかと言えば、これを箇条書きにしたものはもちろんない。したがって、その条項に当てはめることはできないが、まず簡単に言えば、自ら内に省みて恥じるところのない人を指して言う。

自分のすべての行動に対して、人道を誤らず道理に背かず、行ないに過ちがなく、品行が正しければ、自ら省みてやましい点がないはずだ。これがすなわち君子である。品行の悪い人はもちろん君子とは言えないが、いかに行ないがよくても、天秤棒を担いで歩く人を君子とも言えまい。君子に対する定義はないが、こう解釈して間違いないと思う。

孔子はこの司馬牛の質問に対して答えた。

「人はつねに安らかな心をもって、禍《わざわ》いがあることを憂うことなく、また恐れることもなければ、これを君子と言うことができよう」

司馬牛の兄桓魋《かんたい》が後に乱を起こした人だったため、その影響が自分に及ぶことを心配していたのだ。孔子はよくその事情を知っていたので、「君子は憂えず懼れず」と教えたのである。

司馬牛はそれでもまだよく腑に落ちないので、さらに反問したのだが、孔子は懇切に説明して、

「自分の平素の行ないが一つも道にたがうことなく、自分のなすべきことを道に従って尽くせば、自ら省みて心にやましいことなく、俯仰《ふぎょう》天地に恥じないであろう。したがって、なんの憂いもなんの恐れもあるはずがない。いかなる場合でも、自分の言動さえ間違いがなければ心はつねに平安であって、なんの心配もない。それから先のことは運を天に任せればよい。だから君子は憂えず恐れずというのである」

と教えたのである。

孔子は兄弟に反乱者があることを露骨には言葉に表わさないが、暗にその意味

をほのめかし、司馬牛自身がよく徳を修め、道に従って行ないが正しくさえあれば、兄弟にどんな人がいても憂うに足らないと諭している。

子夏、司馬牛を慰む

司馬牛、憂えて曰く、人みな兄弟《けいてい》あり。我独り亡《な》しと。
子夏曰く、商これを聞く。死生命あり、富貴天に在《あ》りと。
君子敬して失うことなく、人に与《くみ》するに恭《うやうや》しくして礼あらば、
四海の内みな兄弟なるなり。君子なんぞ兄弟なきを患《うれ》えんやと（顔淵）

この意味を簡単に言えば、子夏が司馬牛の兄弟がいないことを憂えているのを慰めたのである（兄の桓魋が無法者で、いまにも身を滅ぼそうとしていることを意味している）。

あるとき司馬牛が悄然《しょうぜん》（しょんぼり）として子夏に向かって、

「人にはみな兄弟があって愛し合い助け合って楽しいのに、自分だけは兄弟がなく、心細くて耐えられない」

と語った。

子夏がこれを聞いて司馬牛を慰め、

「私はかつて孔子に聞いたことがあるが、人の死生には天命があって、死すべきときには誰でもみな死ななければならない。富貴も天命によるものであって、人力ではいかんともしがたいものであると教えられた。だから人は天命に逆らうことなく、死生富貴を度外視し、自分のなすべき本分をつとめるべきである。君子たる者は、物事に対して慎重に徳に欠ける行ないなく、人と交わるのに恭謙で礼譲があれば、天下の人はみな愛敬してくれて兄弟と同様である。肉親の兄弟はいなくても無限の兄弟がいる。だから人間として自助努力して徳を修めれば、兄弟のいないことなどは少しも心配することではない」

と答えた。この子夏の言葉の中には孔子の教訓が力強く説かれている。

人事を尽くして天命を待つの極意

「死生命あり」と言っても、すべてを成り行きに任せるという意味ではない。

自分の尽くすべき本分は十分に尽くして、そのうえで運命に任せるということだ。すなわち、世に尽くす功労が多ければ多いほど、世人の尊敬が増してくるが、何も世の中に尽くすところがなく無為徒食（すべきことをせず、ぶらぶら遊び過ごす）をし、おごりたかぶると、世間の信用もなくなる。

前者のように努力してもなお志が遂げられなければ、それは天命とすべきだが、後者は自業自得であって天命ではない。また、物を食わなかったり、あるいは食い過ぎて定命を縮めるのは、天命に背くものである。

「死生命あり」とは、簡単に言えば、「人事を尽くして天命を待つ」である。

あくまでも自分の本分を尽くし、適当の栄養分を摂取し、天寿を全うするのが道に従うことである。たとえば人力でいかんともなしがたいことがある。生まれつき身長の低い人が高くなりたいと思って運動をしても、身長が伸びるものではない。やせた人が太りたいと思っても、元来の体質が違うから太った人にはなれない。これなどは天命である。

要するに人間の本分を尽くして、あくまでも自分の働きによって倒れるまで努力し、それ以上は天命を待つべきだ。

自分の本分を尽くさず「死生命あり」などと言う人は、要するに天命の罪人と言うべきだろう。

また子夏は「恭しくして礼あらば……」と説いているが、「学而篇」に「信、義に近づけば言復《ことふ》むべきなり。恭、礼に近づけば、恥辱に遠ざかるなり」とあるから、子夏はその教えを引用して「恭しくして礼あらば、四海の内みな兄弟なるなり」と慰めたのだ。

道徳のすたれた今日では、ここのところをとくに味わい、学ぶべきであろう。

解説

自分の人生を自信をもって開く成功哲学の決定版！

竹内　均

この本の原著は、大正十二年（一九二三）刊行し、震災により絶版となった『実験論語処世談』を、昭和三年（一九二八）に実業之世界社にて復刻した『処世の大道』である。

いわば渋沢哲学・人生論の総決算とも言うべき名著である。

この『渋沢栄一　うまくいく人の考え方』は、『渋沢栄一「生き方」を磨く』『渋沢栄一　君は、何のために「働く」のか』『渋沢栄一「論語」の読み方』『孔子　人間どこまで大きくなれるか』に続いて三笠書房から出版される、わかりやすい現代語訳シリーズである。

著者の渋沢栄一については、先に掲げた四冊で詳しく紹介しているので、ここでは簡単に触れるにとどめたい。

渋沢栄一は天保十一年（一八四〇）に現在の埼玉県深谷市血洗島《ちあらいじま》村の豪農に生まれ、年少の頃から家業に従事して商才を発揮した。父が教育熱心だったこともあり、彼は子どもの頃から本好きで、彼の座右の書となる『論語』との出会いもこの頃である。

幕末の動乱期には尊皇攘夷運動に傾倒するが、後に京都へ出て一橋（徳川）家の慶喜に仕えた。慶応二年（一八六六）、慶喜から弟の昭武に従って渡欧せよとの命令が下る。それを受けた彼は、翌年から約二年かけて欧州各地を視察し、資本主義文明を学んだ。このときの見聞によって得た産業・商業・金融に関する知識は、彼が後年、日本資本主義の指導者として近代化を推し進めるうえに大いに役立った。

帰国後は大隈重信の説得で明治政府へ移り、大蔵省租税司、大蔵権大丞を歴任する。その後、明治六年（一八七三）に大蔵省を辞してからは念願だった実業に専心し、第一国立銀行（みずほ銀行の前身）の創設をはじめ、七十歳で実業界から退くまで五百余の会社を設立し、資本主義的経営の確立に大いに貢献するとともに、ビジネスパーソンの地位向上に努めた。

晩年は社会・教育・文化事業に力を注ぎ、大学や病院の設立など、各種社会事業に広く関係。さらに、朝鮮・中国への投資・産業開発にも努め、日米親善にも尽力した。

このように、渋沢栄一は自由と繁栄を誇る現代日本の基礎をつくった実業界の偉人であり、幕末から昭和にかけて活躍した〝精神の巨人〟でもある。当時の「戦争が国の富を増強する」という考えに反対した彼は、国際的秩序と世界平和は民主政治、自由経済及び健全な財政・貿易によってのみもたらされると主張した。

何から何まで、現在の世界と日本の動きを見透かしたかのような主張であり、態度である。

さて、動乱の幕末から明治、大正を生き抜いた渋沢の一生は、けっして平坦な道のりではなかったが、こうした難局を不屈の精神で乗り越えることができたのは、彼がいわゆる〝実学の書〟として『論語』の教えを実践してきたからではないだろうか。

本書の中にもしばしば出てくるように、彼は『論語』を座右の書、人生の指南書として愛読し、そこからいついかなる場合にも自分を見失わない生き方、後悔しないための処世の秘訣、志の持ち方を学んだ。そして『論語』の教えを十分に咀嚼《そしゃく》し、渋沢一流の人生哲学で味つけを施した結果生まれた、いわば彼の人生論の結論が本書である。

本書の中で一貫して説かれているのは「中庸の精神」、わかりやすく言えばバランス感覚の大切さである。自分自身の日常の心構えから、人とのつき合い方、ビジネスの進め方まで、すべてこのバランス感覚をもっているかどうかで大きな差ができるとしている。

この点について渋沢は、次のように言っている。

「一方にばかりかたよる人がとかく世間には多い。これがまた一般人の通有性（共通点）だと言ってもいい。しかし中庸の徳は臨機応変、千変万化、その時その所、その事情のいかなるケースにも対応し、最も適した道をとっていける」

「人は一方の極端に走ってしまえば盲目的になるから、筋の立たないことでもなんでもやるようになってしまう。だから何事をなすにも、つねに両極端を保持し、一方の極端に走ってしまわないように心がける人でなければ、けっして『恒《つね》の心』で世の中を渡っていけるものではない」

そしてその具体例として、次のように説く。

「人が善を誇らないようになるのには、まず発達した常識がなければならない。善を誇ったり労を転嫁したりする人は、言わば常識の乏しい人だ」

という『論語』の教えに対して賛同の意を表わしながらも、もう一方では、

「一にも常識、二にも常識、三にも四にも常識と、常識ばかりを尊重して、先例

にだけ拘泥《こうでい》してしまえば、少しも毅然としたところのない、大勢に迎合する弱い意気地なしの人間となり、大事が目前に突発したときに、これに処して誤らないしっかりした人間になれなくなる。だから常識は、人にとって欠かせないものではあるが、やはり過ぎたるは及ばざるがごとしで、常識もあまり過ぎれば、かえって人を害するのだ」

と戒めている。また、

「すでにできてしまったことは、あとからとやかく言ったところでしかたない。（中略）……すべて過去は咎《とが》めないほうがよい」

という『論語』の教えに対して賛同しながらも、一方では、

「（過失には二種類あって）はじめから過失を生み出そうと目論んで事に当たり、（中略）……こんな故意の過失は、社会の利益幸福を増進する点から考えても、また本人を改心させるうえからも、とことん責めなければいけない」。

として、渋沢一流の味つけを試みている。さらに、

「（秀吉は、けた外れの努力家であるがゆえ、天下統一まで成し遂げたが、そ

の）晩年が振るわなかった原因はいろいろあるだろうが、才智のある人物だけを偏重して、部下の人物配置を誤り、『機略』にだけ優れて、『経略』つまり経綸《けいりん》の才に乏しかったことが大きな原因の一つだろう」

とするなど、戦国武将や実際に交流のあった幕末維新の功労者の実例を引き合いに出すことで、自説を裏づけている。

そして、この中庸の精神を絶えず持ち続けることの難しさを認識し、「節度のある人でなければ、中庸は得られない」としながらも、最終的には「節度を守ることに徹しすぎて、薄情で冷淡になり、残酷に流れることがあってはならない」と、いかにも人情家の渋沢らしく訓戒している。

この本には現実ばなれした実行不可能な空論を説いたところは一つもない。それは、身近に起こる現実問題に対する次のような記述でもわかる。

「いやな人だ、好きになれないと思う人とは、自分の本心を隠して無理をしてまで友だちづき合いをしていく必要はないと私は思う。怨みを隠して友だちづき合いをされたのでは、つき合わされるほうにとっても非常に迷惑だ」

「争いはけっして排斥するべきものではなく、世渡りのうえでもたいへん必要なものだ（中略）……国家が健全な発達を遂げていくには、商工業においても学術技芸においても外交においても、つねに外国と争って必ずこれに勝ってみせるという意気込みがなければならない。これは国家だけでなく、一個人においても、つねに四方に敵がいて苦しめられ、その敵と争って必ず勝って見せようという気概がなくては、けっして進歩発展するものではない」

「一を聞いて十を知るということも、……学問上においてだけなら問題はないが、いちがいに素晴らしい性分であるとばかり言えない場合がある。……こうした資質の人は、あまりにも先が読めすぎて、とかく他人の先回りばかりするから、自然と人に嫌われ」るものである。

前二者は、人間の我慢にも限界があり、必ずしも「耐えること」だけが美徳ではないと言っているのであり、後者は「頭が切れすぎる」のも場合によっては困りものだと言っている。恐ろしいほど現実的なのである。

こうして見てくると、ここに凝縮された渋沢の人生哲学は、時を経た現在にあっても、けっして輝きを失わないどころか、われわれが忘れかけていた大切な何かをよみがえらせてくれるのではないだろうか。

このように渋沢は、近代日本をリードした偉大な経済人であるとともに、『論語』を核として人の道を説いた啓蒙家でもある。

いや、むしろこの言い方は逆で、彼自身が孔子の説いた〝人の道〟を実行してきたすぐれた人格者であるがゆえに、彼は近代日本の経済界をリードすることができたと言うべきだろう。

彼の説く「人の道」は、実利的・実践的な人の道である。それだけに、彼の説く心得には重みがあり、説得力がある。

仕事を愛し、人を愛した近代日本の大巨人・渋沢栄一。こういう人の遺した文章であるからこそ、じっくりと味わってもらいたい。そして、そこから得たヒントをもとに、彼の言う「理想の人生」や「最高の人生」を築いていただきたい。

本書で説くところを実践すれば、必ずや「素晴らしい人生」を築き上げることができると確信している。それだけの価値のある人物であり、それだけの教えである。

本書は、小社より刊行した『孔子　成功者の人間学』を、再編集のうえ、改題したものです。

原文には、不適切な表現や差別用語などがみられますが、執筆当時の時代を反映した歴史的著作物であることの観点から、一部表現を変えたほかは、原文のままとしてあります。

渋沢栄一（しぶさわ・えいいち）

1840年現在の埼玉県深谷市の豪農に生まれる。幕末の動乱期には尊王攘夷論に傾倒、のちに一橋家に仕える。ヨーロッパ各国を視察して帰国後、大蔵省租税司、大蔵権大丞を歴任。辞職後は実業に専心し、第一国立銀行（現、みずほ銀行）の創設をはじめ、500あまりの会社の設立・経営にかかわり、日本の資本主義的経営の確立に大いに貢献。晩年は社会・教育・文化事業に力を注ぎ、東京高等商業学校（現、一橋大学）の設立や東京市養育院等にも広く関係した。著書に『渋沢栄一君は、何のために「働く」のか』『渋沢栄一「生き方」を磨く』『渋沢栄一「論語」の読み方』（ともに、三笠書房）などがある。

竹内均（たけうち・ひとし）

1920年福井県に生まれる。東京大学名誉教授。理学博士。地球物理学の世界的権威。科学雑誌『Newton』の初代編集長として、青少年の科学啓蒙に情熱を傾けるかたわら「人生の幸福」について深く探究し、著者一流の自己実現の具体的な方法を説く。主な著訳書に『自助論』『向上心』（以上、三笠書房）などがある。

知的生きかた文庫

渋沢栄一《しぶさわえいいち》
うまくいく人《ひと》の考《かんが》え方《かた》

著者　渋沢栄一《しぶさわえいいち》
編・解説者　竹内《たけうち》　均《ひとし》
発行者　押鐘太陽
発行所　株式会社三笠書房
〒一〇二-〇〇七二　東京都千代田区飯田橋三-三-一
電話〇三-五二二六-五七三四〈営業部〉
〇三-五二二六-五七三一〈編集部〉
https://www.mikasashobo.co.jp
印刷　誠宏印刷
製本　若林製本工場

ISBN978-4-8379-8698-0 C0130